塔羅解牌
研究所2
牌面解讀祕技

LUA 著

Message from LUA

塔羅牌能成為
令你幸福的後盾

在以塔羅牌進行鑑定時，時常有人問我這個問題。

「我能變得幸福嗎？」

這種時候，我會這樣回答:

「您所謂的幸福是什麼？」

有的人長得美麗且富裕，在各方面都十分富足，卻經常對他人心懷偏見，抱怨或說壞話道「那個人過得似乎比我更幸福，真奸詐」;話雖如此，卻也有人即使沒那麼富裕，也不是絕世美女，仍能過著每一天都認為「十分開心」、「食物相當美味」的生活;此外，也有人動不動就心想「像我這種人……」;有人則是無論面對何種逆境，都能笑著心想「還是有幸運的事發生！」

這樣的差異究竟是從何產生的？我想，這一定是出自是否擁有明確的「想要變得幸福」的意志，並每天為此作出決定。

如果在沒有作出決定的情況下生活，會變得如何？

「跟這個人結婚好嗎？」、「到這間公司任職好嗎？」、「那時候如果不跳槽比較好嗎？」想必就會像這樣一再地自我懷疑，並指責自己的缺點。

這樣的人，真的能說是幸福嗎？

話雖如此，在決定某些事情時，可能會伴隨著不安。決策會受到環境、周遭人們的意見、當時的立場或情感等各種要素所左右。您可能也會感到困惑，認為「真的這樣就行了嗎？」，或許有時也會搞不清楚自己由衷希望的事物究竟是什麼。

在這種時候，能夠支持我們的正是塔羅牌。突然間感到迷惘時，首先請試著抽一張牌，那或許能成為找出您真正想法的契機。

無論您是初次接觸塔羅牌的新手，還是已經十分熟悉塔羅牌的老手，本書為了讓各位進一步感受到塔羅牌的趣味，而提供了各式各樣的點子。

圖案的意義、相似牌面的不同解讀方式、協助拓展意象的方法等，本書想必能令您察覺到「原來還有這麼多新發現！」吧。

希望各位都能愉快地使用這本協助您自由運用塔羅牌的靈感集。

LUA

Chapter 2
應用篇

Contents

Chapter 3
排除障礙篇

Chapter 4
高階篇

Chapter 5
實踐篇

如何使塔羅牌變得更有趣

本書準備了許多能讓您縮短與塔羅牌之間的距離、排除障礙、
·令占卜愈來愈有趣的點子。

請以符合您作風的方式，
更加自由地掌握熟練塔羅牌

塔羅牌由於其神祕的形象，常被誤以為只有具備特殊力量的人才能使用。不過事實並非如此。這是完全不需要精神力、超能力，連普通人都能極為自然地使用的工具。此外，塔羅牌也給人一旦不按照作法或規則，可能就會受到詛咒的印象，但這點也是很大的誤解。

只要擁有一副塔羅牌，任誰都能從擁有塔羅牌的當下就立刻開始占卜。

只不過，如果是獨自學習，無論如何都會遭遇障礙挫折。可能會出現難以解讀的牌，或是解釋上陷入千篇一律的狀況。本書中收錄了能拆除這類障壁，讓您能更隨心所欲地以塔羅牌占卜的點子，請務必一邊享受一邊嘗試實踐。

只要將塔羅牌引進日常生活中，將會產生許多令人開心的變化。首先，讓我在這裡介紹這些變化。

能夠更加了解自己本身

所謂的塔羅牌，或許會給人很強烈的「能夠準確預測未來的工具」的印象，不過要說的話，這其實更像是能促使人與自己對話的工具。在抽一張牌，並以自己的方式思考各式各樣的事情時，就會讓「自己想這麼做」的意志變得鮮明起來。這麼一來就能看見行動方針，明白自己該為此採取什麼行動才好。塔羅牌是最適合用來與自己對話的工具。

我想怎麼做？

難道就沒有
其他解決辦法了嗎……

能夠更容易湧現靈感

這或許是這麼一回事！

這麼說來，那張牌
確實有這個意思！

請看著塔羅牌，並試著隨心所欲地想像。
然後進一步將「是這麼一回事嗎？」的答案以話語表達出來看看。
也有像這樣以自己的方式表現從塔羅牌上感覺到事物的練習。一旦習慣這麼做之後，在日常生活中也能輕易啟動腦中的迴路，即使過著普通的生活，也能更容易獲得很棒的靈感。

不再對於各種決定感到迷惘

挑選午餐的菜色、該選擇以 A 方案或 B 方案去做……每一天生活中都是一系列的抉擇。這種時候，就來運用塔羅牌吧。
話雖如此，這並不是指將一切都交給塔羅牌。而是在您「想這麼做」的時候，抽牌確認想法是否正確，或是藉此整理思緒。將塔羅牌作為確認意志的工具加以運用，相信一定能協助您充滿自信地決定「就是這個！」的。

沒問題，我要選這個！

試著稍微冷靜下來想想吧。

與本書相處的高明方式

如果是希望從初階一點一點地有所進步的人，可以從第一頁開始依序閱讀；
如果是已經有一定程度的人，則可以從在意的內容開始閱讀。請按照您的喜好翻閱本書。

請試著依序閱讀

Introduction
塔羅牌占卜的基礎

指的是共分四種花色（P21），各自包括一（ACE）～十、侍者、騎士、王后、國王等14張牌的卡牌。接近現在的撲克牌，共計56張。

Chapter 1
初階篇

本章會協助您熟悉22張大阿爾克那與56張小阿爾克那牌。基本上靠只抽一張牌的「單張牌」（P39）就能享受箇中樂趣。並可在本章中掌握設定問題的基礎。

Chapter 2
應用篇

本章將展開「牌陣」（P38），使用複數張牌來占卜。並解說如何擴展大、小阿爾克那的意象，以協助您在解析牌義時更為容易。

Chapter 3
排除障礙篇

在本章中將挑選出在占卜時容易令人感到不安的重點：「這是什麼意思？」、「這樣是否吻合？」並了解如何加以排除，讓解讀更為順暢。

Chapter 4
高階篇

讓我們更進一步地將塔羅牌運用自如，並且能占卜各種事情。本章將收錄替他人占卜的經驗訣竅，以及給予想成為塔羅牌占卜者的提示。

Chapter 5
實踐篇

本章收錄了實際的解析結果、面對面鑑定時的實況報告。相信能讓您掌握「這種時候只要這樣解讀就行了！」，更具實用性的訣竅。

試著從自己的障礙讀起

當記不住牌義的時候

➡ **2** 不擅長死記……能一張一張理解並慢慢記住嗎？
  ……… **試著注意圖畫中的細節**（P58）

➡ **3** 無法區分、解讀長得相似的大阿爾克那牌……
  ……… **去理解意義上的差異**（P64）

➡ **4** 沒有參考資料就不懂小阿爾克那牌的意義
  ……… **試著從「花色與數字」聯想**（P70）

➡ **6** 怎樣才能立刻解讀難記的塔羅牌？
  ……… **試著替塔羅牌取暱稱**（P82）

當情況不允許慢慢展開牌陣的時候

當腦中只能浮現出不靠占卜也能導出的膚淺答案的時候

當占卜方式變得千篇一律的時候

─────── POINT ───────

傳授學會塔羅牌的訣竅！

在本書的「POINT」欄位中，會介紹許多專業訣竅，雖說就算不知道還是能進行占卜，但若是學會了，就能稍微派上用場。當解牌過程撞牆時，請試著隨手翻閱這些頁面，映入眼簾的內容或許就能成為提示。而從解說實際鑑定內容的〈Chapter 5 實踐篇〉（P183）起，「POINT」欄位中則會收錄滿滿的解讀訣竅。

Introduction

塔羅占卜
的基礎

了解塔羅牌的使用方式、
種類與牌陣等基礎。

用塔羅牌占卜
是怎麼一回事？

知道答案的並不是塔羅牌，
而是自己本身

塔羅牌上繪製了各式各樣神祕的圖案，因此或許會有人認為塔羅牌是一種具有不可思議的力量……能夠準確預測未來或人心的魔法工具。

塔羅牌確實會展現令人驚訝的命中率，不過，那並不是塔羅牌本身蘊含力量的緣故。

準確的其實是您端詳塔羅牌而想到的事情。並非「塔羅牌＝答案」，而是「您透過塔羅牌而在心中湧現的事物＝答案」。

即使看的是同一張牌，感受方式仍因人而異，也會取決於人的心情而有所不同。當您在感到內疚時抽中了〈惡魔〉，牌面上的惡魔看起來就像是您自己；如果在問心無愧的情況下抽到這張牌，應該就會解釋成「有魔掌正在逼近自己」、「接下來可能會鬼迷心竅」等其他意思。塔羅牌會像這樣反映出您的內心狀態。

人們有時候會不知道該如何是好，或者是迷失了自己的真心，如果在這種時候抽牌，就能與自身交談；而當您處於鑽牛角尖而得不出結論的情況時，塔羅牌或許能成為如可靠朋友般的存在，從另一個角度為您提供建議。

相信塔羅牌一定會在各種情況下助您一臂之力，讓您的生活過得更好。

用塔羅牌占卜有這些好處

能靠自己找出煩惱的解決之道

塔羅牌是在您自問自答時，能夠加以輔助的工具。

看著自己抽出的牌心想「為什麼會抽出這張牌呢？」的行為本身，正是找到答案的線索。「原來是這麼一回事啊！」在您苦思冥想的期間，可能就會靈光一閃地得到答案。隨著您重複著這樣的過程，應該會感覺到煩惱的時間逐漸縮短。

此外，在使用塔羅牌占卜前的設定問題階段，需要仔細思考「自己其實想怎麼做？」、「現在想實現的願望是什麼？」，因此，這也有助於釐清自己的意志或願望。

停止臆測，看見自己的真心

人類有時會搞不懂自己的心情。如果明明想玩樂，卻因為在意剩下的工作而到最後都無法好好享受，就表示您並不是真心想玩樂；即使認為自己因為失戀而受傷，其實也可能只是想依賴周遭的溫柔罷了。

在這種時候，塔羅牌會問您「真的是這麼想的嗎？」，協助您確認自己的真正想法。請注意在翻開牌時湧現的情緒，那可能是吃驚、鬆一口氣、不快或焦躁。這種內心的悸動，應該會成為告訴您真實想法的重要提示。

明白自己的盲點，獲得全新觀點

有些人始終保持積極樂觀，卻容易掉以輕心；有些人雖然謹慎卻有自卑傾向；有些人往往會負面解讀他人的言行舉止等等。每個人都有自己習慣的思考方式，致使視野變得狹隘，或是產生盲點。

而塔羅牌可說是呈現了78種思考方式。藉由抽出一張牌，就能接觸到不同於自身的另一種思考方式，也能推導出單憑自己一人就想不到的答案。

塔羅牌這項工具能夠拓展您的思考廣度，並指出您看不見的內容。當您需要新點子時，請務必運用塔羅牌。

可結交一個名叫塔羅牌，能輕鬆交談的朋友

當您煩惱時，不需要長時間等候靈感或答案降臨。因為您只需抽一張塔羅牌，就能獲得契機。

下意識地抽一張、認為「搞不好……」的時候抽一張、迷惘時為了確認而抽一張，總之請試著輕鬆隨意地抽一張牌吧。

您或許可以當作是增加了在自己有煩惱時，能夠詢問「這麼做如何？」的朋友。

而且這些朋友共有78人，如果連逆位也算進去就多達156人，它們能從各種不同的角度提供您建議，因此沒有比這更令人心安的事了。

如何跨越學習
塔羅牌的「障壁」

不受死記或規則束縛，
自由自在地與塔羅牌交談

　　似乎有許多人雖然一度接觸了塔羅牌，卻因為覺得「不準確」、「摸不著頭緒」而感到厭煩。阻擋這些人繼續前進的「障壁」究竟是什麼呢？

　　或許是因為這些人總是在抽了牌後閱讀參考資料的關鍵字，覺得自己好像明白了之後就結束了，並只是一再重複這樣的流程而已。

　　況且，您是否曾經因為抽到好牌而開心，抽到壞牌就當作自己沒占卜過呢？如果處於這種狀態下，您不僅永遠無法塑造出自己的詮釋方式，也無法在真正的意義上對人生有所幫助，不過是藉此獲得慰藉或打發時間罷了。

　　首先要做的並非相信與否，而是試著從「能否用來作為替煩惱找出解答的提示」這個角度來思考。

　　塔羅牌是協助您獨立思考的工具。請別被書上的關鍵字束縛，而是掌握自由與塔羅牌交談的感覺，這麼一來，您就能從僅僅一張牌中獲得許多資訊。

　　而且，並非完全盡信塔羅牌並照著做，以提示作為基礎，由自己決定該怎麼做也是很重要的。別因為抽出壞牌而放棄，或作為放棄挑戰的藉口，不要利用占卜結果來逃避問題。

　　主導權不在塔羅牌，而是握在您的手中。只要記住這一點，相信塔羅牌一定能成為強而有力的夥伴，在您身後推您一把。

學習塔羅牌要注意的事

首先抱持愉快的心情，從持之以恆開始

這一點可以套用在任何事情上，如果想精通某種事物，最重要的就是持之以恆。首先試著每天都抽一張牌看看「今天的運勢如何？」不需要在意準不準確。過一陣子，您應該會覺得「那張牌上所呈現的或許就是這件事」的情況逐漸增加了。而當您在占卜重大煩惱時，這份經驗就會派上用場，逐漸地切身體會何謂「準確」一事。

由於一旦成了義務或例行公事就會感到難受，因此關鍵在於輕鬆地占卜「這會變成怎麼樣呢？」並在還能覺得愉快的範圍內持續下去。

不要從一開始就衝得過快

如果想一下子記住所有的牌義，或是挑戰高階牌陣（P38），很容易就會放棄。因此並不是只在特殊日子才提起幹勁占卜，而是隨意地以塔羅牌占卜日常生活中的各種事情，這種輕鬆的態度才是持之以恆的關鍵。為此，請務必養成「每日單張占卜」（P48）的習慣。請試著輕鬆地占卜「宅配何時會送達？」、「現在出門的話會下雨嗎？」、「網購時該買哪款商品才好？」等事情。

建議您把塔羅牌擺在生活空間中可輕易取得的位置，這麼一來就能養成一有在意的事情即隨手占卜的習慣。

只要大略記住塔羅牌的牌義即可

書中的關鍵字終究只是其中一個例子，能從塔羅牌上讀取到的詞彙是無限的。而且如果只是死記關鍵字，反而會在解釋時受到限制。

牌義並不是靠背誦，而是要靠理解的。請在大致明白關鍵字後就闔上參考書，以從自己內心湧現的詞彙為優先。

只要持續這麼做，就能掌握因應問題，以自己的方式應用、表達牌義的即興能力。到了這個時候，您應該就會覺得「用塔羅牌來占卜真有趣！」

認定抽出的牌有其意義

有時候，您可能會抽出意義不詳、令人摸不著頭緒的牌。尤其在愈是暗自期待「希望能抽出這樣的牌」時，愈容易抽出截然不同的牌，令人困惑不已。不過如果直接放棄，就只會重複同樣的情況。

請不要抱持成見，以客觀的角度看著抽出的牌，思考「這張牌到底想傳達些什麼？」您抽到的牌是基於某種緣分才會出現在您的眼前，因此無論是抽到什麼樣的牌，都請抱持著試圖從中讀取訊息的態度。這麼一來，無法解讀的牌就會逐漸減少，您的解讀能力也將大幅提升。

塔羅牌的基礎知識

創造出屬於自己的
塔羅牌風格

　　所謂的塔羅牌占卜，是從偶然抽到的牌面上解讀自己當時所需資訊的占卜方式。在占卜中，屬於從偶然的事物現象中導出答案的算命方式。

　　塔羅牌一開始是用於遊戲上的紙牌，所以並不存在「絕對得這麼做」的規則。重點在於如何創造出能讓您最為專注的狀態，因此請試著思考屬於自己的作法。不過，如果沒有任何導引，應該也會有人懷疑「這樣是否吻合」而感到不安，因此，我將一邊穿插自己在實際占卜時運用的方法，一邊介紹塔羅牌的基礎。

了解塔羅牌的種類

大阿爾克那
共有22張牌

　　所謂的大阿爾克那，指的是22張具有主題的塔羅牌。〈女皇〉、〈教皇〉等象徵人物的牌；〈正義〉、〈節制〉等象徵概念的牌；〈星星〉、〈太陽〉等代表天體的牌；〈惡魔〉、〈命運之輪〉等描繪虛構存在的牌等等，有著各式各樣的種類。

　　以前似乎被當成紙牌遊戲中的王牌，在塔羅牌中也具有重要的意義。

小阿爾克那
共有56張牌

　　小阿爾克那共有權杖（棍棒）、錢幣（金幣）、寶劍（劍）與聖杯（杯子）四種花色（符號）。每種花色各有14張牌，由從一到十的數字牌，以及侍者、騎士、王后、國王等宮廷牌（人物牌）所構成。

　　相較與描繪了象徵性主題的大阿爾克那，小阿爾克那描繪的大多是人類世界的一幕場景，更適合用來占卜日常生活中的事情。

如何使用塔羅牌？

可以根據占卜主題
改變張數

　　塔羅牌由大、小阿爾克那牌所組成，共有78張牌，不過在占卜時並不一定要全部用上。如果因應占卜主題改變塔羅牌的張數，占卜時也會產生不同的結果。

　　在還是初學者時，我建議先從擁有重要意義的22張大阿爾克那牌著手。等到逐漸習慣後，再試著加入小阿爾克那牌。您也可以因應占卜主題作些變化，只使用宮廷牌或是特定花色來占卜，這麼一來更能加快解析牌義的進步速度。

該如何面對正、逆位？

呈現上下顛倒的塔羅牌
也能給予提示

　　在塔羅牌占卜中，根據牌面以正位（上下正向）還是逆位（上下顛倒）呈現，意義也會有所改變。由於一開始會感到混亂，所以先決定「全都只看正位的意義」也無所謂。

　　不過，由於呈現逆位也有箇中含義，而且大多會給予不同於正位時的訊息，所以在習慣之後，也請試著作解讀逆位的練習。一旦學會如何解釋逆位，應該就更能理解塔羅牌的樂趣才對。

正位

牌面圖像上下正確。請視為牌面的含義是直接表達的。

逆位

牌面圖像上下顛倒。請視為牌面的含義是遭到曲解的。

該如何抽牌？

攪動塔羅牌，
隨機調整正逆位與順序

攪動塔羅牌以改動正逆位與順序的動作稱作「洗牌」，基本方式是以劃圓般打散塔羅牌順序的「麻將式」。由於洗牌也具備令人靜下心來的作用，因此在占卜主題很嚴肅時，請多花些時間洗牌。

作為範例，在此為各位說明 LUA 在實際占卜時，從洗牌到展開牌陣為止的流程。

1 首先在桌面上洗牌

請意識到並非小心翼翼且客氣地洗，而是盡可能地擴展範圍攪動。這麼一來，就會創造出占卜場域的氛圍。

2 將牌整理成一疊，然後分成三疊

將洗好的牌整理成一疊後，再分成三疊（可依自己喜歡的疊數），再按照自己喜歡的順序堆疊回一疊。

3 如果是面對面鑑定時也邀請對方參與

當替自己以外的人占卜時，也請對方進行流程2。有趣的是，根據對象不同，分開的疊數與重新堆疊的方式也會有所差異。

4 決定好牌面的上下側

在決定上下側時，我會分別將手覆蓋在上側與下側，將較有感覺的那一方定為上側。

5 從第七張開始展開

由於或許會看見最上方與最下方的牌面，因此我習慣從第七張（可依自己的喜好挑選數字）開始展開。並將前六張疊到最下方。

6 一邊翻開一邊排列

我個人會一邊揭牌，一邊排列牌陣。因為這麼做比較容易將整體作為故事來掌握。

洗牌的時候要注意什麼？

因應情況
借用旋轉的力量

　　洗牌的時候，順時針旋轉有「集中意念」的作用，逆時針旋轉則有「驅散意念」的作用。當需要改變牌陣占卜同一個主題時，可藉由順時針旋轉幫助您進一步灌注意念；而在改變占卜主題，或是替其他人占卜前，一開始先以逆時針旋轉的方式洗牌，就能協助重置之前殘留在塔羅牌上的能量。兩者可以因應狀況分別使用。

　　使用麻將式洗牌法，有時會出乎意料地只撫過表面的牌。因此可藉由有意識地碰觸每一張牌，均勻地打散所有的牌。

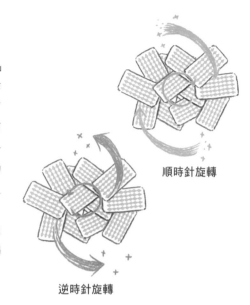

順時針旋轉

逆時針旋轉

如何決定牌面上下側？

採用逆位時的
洗牌重點

　　當採用逆位來占卜的時候，請在以麻將式洗完牌後整理成一疊時，事先決定好哪一方為上側。

　　為了避免搞錯上下側，在揭牌時請注意朝左右翻開，而不是朝上下翻開。

　　如果沒有足夠寬敞的空間使用麻將式洗牌，使用與撲克牌同樣的切牌方式來洗牌也無妨。這種時候，由於牌面的上下側不太容易打散，因此可使用「交錯式」洗牌法，事先將塔羅牌分成兩疊後，使牌彎曲後交錯混成一疊，同時改變牌的方向重複幾次即可。

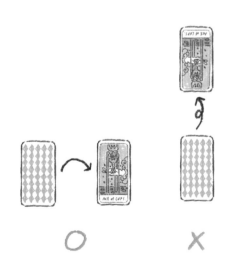

作為基礎的
22張大阿爾克那牌

含義豐富，充滿魅力的寓意畫

大阿爾克那（Major Arcana）為塔羅牌中擁有重要意義的22張牌。每一張牌分別擁有從0到21的編號，以及〈魔術師〉、〈戰車〉、〈正義〉等名稱。

牌上所繪製的，是22種「思考方式」。

比如說〈愚者〉牌代表的是「自由」，攜帶著輕便行囊悠閒漫步著的模樣、手裡拿著花朵、太陽、一步之遙的前方就是懸崖、腳邊的狗兒正在對此提出忠告……像這樣，「歌頌自由的愉悅」的同時，也呈現出「無法預測未來的不穩定性」。

其中有些牌繪製了駭人的圖案，比如說〈死神〉、〈惡魔〉、〈高塔〉等，不過並不代表出現這張牌就會發生壞事。〈死神〉牌面上繪製的主題是屍橫遍野的戰場、死神、在遠方升起的太陽，這不過是呈現出「事情的終結與起始」的想法罷了。只要這麼想，應該就能明白沒什麼好害怕的。

如果您無法一口氣記住78張牌的牌義，那麼首先請以掌握基礎的22張大阿爾克那牌為目標。總之只要在反覆實際占卜的過程中記住也可以，但建議您首先仔細端詳每一張牌上的圖案，然後自行想像那張牌究竟代表著何種意思。這麼做會更容易加深印象，意義也會隨著占卜次數增加而變得更加鮮明。

如果您記不住塔羅牌的順序，建議可以養成在每次占卜結束後，將牌按照順序排好後再收進盒子裡的習慣。這麼做也能避免塔羅牌遺失。

0　愚者

THE FOOL

THE FOOL.

KEYWORD
自由

旅行者隨心所欲地悠閒漫步，但他的腳邊卻是懸崖。〈愚者〉代表著自由與從零開始擴展的無限可能性。暗示著無論前方是好是壞，都抱持著「船到橋頭自然直」想法的樂觀狀態。

正位　不知道事情會變得怎麼樣
不虛張聲勢，自然不加矯飾／新的邂逅／輕鬆的步調／不計較的純粹個性／抽象的／自由業／靈光一閃／大剌剌／自由而不受束縛／空白／無關緊要

逆位　由於猶豫不決而任人擺布
沒有計畫／只是玩玩的戀情／左手賺錢右手花錢／隨便／逃避現實／期待落空的結果／欠缺決斷力／看不見未來／不負責任而失去信任／人云亦云

1　魔術師

THE MAGICIAN

THE MAGICIAN.

KEYWORD
創造力

〈魔術師〉手持魔法權杖，桌上排列著構成宇宙的四大要素——權杖（棍棒）、錢幣（金幣）、寶劍（劍）、聖杯（杯子）。從他能操縱四大要素，創造出任何事物這點，暗示著創造與可能性。

正位　主動展開行動
美好戀情的開端／能發揮才能的工作／一切準備就緒／點子／精明的人／腦筋轉得快／創造性／有自信／有利的談判

逆位　只想獲得利益或好處
猶豫／標新立異的行為／只顧自己方便的情人／準備不足／無法發揮才能／受騙／敷衍一時／笨拙／變得消極／事情無法順遂／束手無策

2　女祭司

THE HIGH PRIESTESS

THE HIGH PRIESTESS.

KEYWORD
精神性

手持聖經，廉潔而聰穎的〈女祭司〉。一黑一白的雙柱象徵著光明與黑暗、男與女、生與死等兩種相反元素。這張牌呈現出豐富的智慧，以及對理想的嚴以律己態度。

正位　以智慧與理性凝望
認真地交往／高不可攀／柏拉圖式的愛情／誠心誠意／勤勉／認真／內心細膩／理性判斷／纖瘦／強烈憧憬的心情／不依賴人而獨立／素雅

逆位　只看見自己想看的事物
神經質的人／嫉妒／因為壓力而神經緊繃／能力不足／不成熟／完美主義／不懂裝懂／潔癖／排除不中意的人／過時／情緒不穩定／偏見

3　女皇

THE EMPRESS

THE EMPRESS.

KEYWORD
愛

端坐在豐饒大自然環繞下的〈女皇〉，她豐腴的身上穿著寬鬆的服裝，暗示著孕育著新生命、開花結果。繪製在盾牌上的金星符號，代表著愛、美麗與女性特質。

正位　盡情享受豐饒的收成
女性魅力／愛人與被愛的關係／母性／懷孕／游刃有餘／產生利益／舒適的職場環境／放鬆／奢侈／不求回報的愛／成熟

逆位　對過剩的恩惠感到厭煩
吊兒郎當／肉體關係／出軌／互相依存／行為不檢／與其說是女人，不如說是母親般的存在／無利可圖的工作／怠惰／沒有獲得／遲到／發胖／過度保護

4 皇帝

THE EMPEROR

KEYWORD
社會

端坐在王座上的〈皇帝〉展現的是男性特質，與受社會承認的權力。他身披的鎧甲正是歷經戰爭，從而脫穎而出的證明。王座上的牡羊象徵對應著占星術中的牡羊座，暗喻著爭鬥心與野心。

 正位 獲得持續性的穩定

以結婚為前提交往／有責任感的人／領導能力／能幹／獲得地位與財產／信賴關係／建立穩固的友誼／自信／強悍／男性化

逆位 藉由力量獲得一時的穩定

自私自利的戀情／對結婚感到猶豫／看不見未來／逞強／過於現實／厭倦／被趕下原本的地位／不受支持的領袖／高壓態度／應該接受他人意見

5 教皇

THE HIEROPHANT

KEYWORD
倫理道德

向兩名神父闡揚道德與生存之道，給予祝福的〈教皇〉。如果說皇帝是社會領袖，那麼教皇就是精神領袖，是向人們展現秩序的存在。請注意倫理道德或規範會如何影響占卜結果。

正位 基於倫理道德，締結信任與羈絆

能成為精神寄託的戀情／受到祝福的婚姻／信賴關係／法律／師傅般的存在／精神上的羈絆／倫理觀一致／領袖魅力／婚喪喜慶／傳統／禮節／沉穩的氛圍

逆位 違反倫理道德，利用信任與羈絆

隱藏的欲望／以性感作為武器／失去信用／賤賣自己／利用善意／價值觀不一致／不道德／違法／別聽信花言巧語／懷疑／偽善

6 戀人

THE LOVERS

KEYWORD
舒適愜意

伊甸園中的男女受到天使的祝福。赤身裸體展現出內心，樂園則暗示著舒適愜意與快樂。只不過，從牌上描繪了誘惑兩人的蛇與禁果，也包含了「選擇行動」的涵義。

正位 如同置身於夢境般感覺幸福

墜入愛河／如作夢般的戀情／置身夢境／愉快的工作／夥伴關係／交涉成立／相談甚歡／輕便／玩心／純粹的心情／不受打擾

逆位 耽溺於眼前的快樂

三角關係／隨便的戀情／沒有愛情的交往／無法專注的環境／合不來／浮動／敗給誘惑／不考慮後果地享樂／放鴿子／態度敷衍含糊

7 戰車

THE CHARIOT

KEYWORD
能量

搭乘著〈戰車〉，血氣方剛的戰士。兩頭斯芬克斯分別是不同衝動的象徵，戰士以意志力操控著牠們。呈現出只要毫不猶豫地迅速挑戰，就能成功前進的意境。

正位 果敢地挑戰事物

積極拉近距離／一口氣發展／克服障礙／乘勢而行／意見通過／贏過競爭對手／行動力／步調很合／勇氣／移動／旅行／活力十足

逆位 無法自我控制

吵個不停／性急的人／輸給競爭對手／情緒失控／企畫落空／激烈衝突／被迫面臨苦戰／變更路線／得意忘形／疲勞／延遲

8 力量
STRENGTH

KEYWORD
本質上的力量

一名纖細的女子正溫柔撫摸著獅子。女性頭上的 ∞（Infinity）符號意謂著無限的愛。這張牌呈現的是愛比蠻力或權力更為強大。

正位 跨越困難
累積時間成就的戀情／解除對方的戒心／需要謹慎判斷／努力到最後／化敵為友／大器晚成／將逆境化為助力／拿捏力度／合作／信任

逆位 難以忍耐而撒手不管
需要察言觀色的對象／棘手的戀情／諂媚／想放棄一切／在最後關頭放棄／自私任性的人／逃避／不想正視問題

9 隱士
THE HERMIT

KEYWORD
尋求

身披長袍，手持提燈的〈隱士〉，是遠離塵世，面對內心世界與過去的存在。其中閃耀著六芒星的提燈為引導向真理的光芒，呈現審視自己將成為生存的提示。

正位 追求理想
隱藏在心裡的戀情／年長的對象／率領部下／專業職務／令精神感到充實的工作／商量對象／過於激烈／學習的時刻／一個人的時間／維持現狀／過去藏有提示

逆位 不正視現實
妄想戀情／緊抓著過去的戀情不放／不適應社會／無業／性格內向／過去的榮耀／自己選擇孤獨／封閉內心／過剩的堅持／向過去復仇／難以取悅

10 命運之輪
WHEEL of FORTUNE

KEYWORD
命中註定

車輪象徵著命運。周遭還繪製了司掌時間的斯芬克斯、代表吉凶之神阿努比斯以及蛇，四個角落也繪製有對應地火水風元素的聖獸。這張牌暗示的是無可避免的命運即將到來。

正位 事態因為命運的洪流而好轉
一見鍾情／結婚／掌握機會／沒有睡意／狀態絕佳／能臨機應變／順從自己的直覺／初次見面就情投意合／靈魂伴侶／感興趣

逆位 被命運玩弄於股掌之間
短暫的戀情／不湊巧／錯過好機會／努力徒勞無功／運氣不好／不擅長的工作／不協調感／運勢變差／形勢變得不利／過時／無趣／不合時宜

11 正義
JUSTICE

KEYWORD
平衡

〈正義〉牌上繪製著一名女法官，她手中的天秤與制裁之劍為公正的象徵。藉由中性地描繪代表「感性」的女性，來暗示排除情感的客觀性。

正位 不夾雜情感地冷靜應對
對等的情人關係／合適的對象／正當報酬／事業生活兩得意／公事公辦／平等／平手／不喜歡也不討厭／審判／不流於情感

逆位 受到情感左右而採取不合理的應對
打如意算盤的戀情／騎驢找馬／不相稱的對象／對報酬與待遇感到不滿／不公平的職場／以自己方便來思考／內疚／失衡的關係／罪惡感

12 吊人
THE HANGED MAN

靜止

男性被倒吊在樹木上，但他的表情十分平靜，頭部後方散發光芒。這張牌暗示著在事情不順心如意的情況下，才更能自我審視或掌握現況，並有所醒悟。

正位 面對現況冷靜思考

戀情停滯／奉獻型的戀情／工作過度／立場變得孤獨／一味地忍耐／自我犧牲／嚴以律己／感覺到無力／身心疲勞／等待時間解決問題

逆位 無法接受現況而掙扎

伴隨著痛苦的戀情／泥沼狀態／在意回報而工作／即使抵抗，狀況也沒有改變／只考慮自己／焦急而失敗／靜靜等待才是聰明的選擇

13 死神
DEATH

定數

騎著白馬的死神。乍看之下是駭人的景象，不過太陽正在遠處綻放光芒，暗示著「死亡（死神）」同時也是新生。這張牌呈現的是環境、人際關係等將煥然一新。

正位 前往新的階段

冷靜果斷的對象／新戀情的開始／離別／跳槽或異動／失業／新環境／合理性思考／捨棄執著／搬家／讓內心回到起點／切換人生

逆位 受到過去束縛而無法前進

難以放棄的戀情／令人著急的單戀／破鏡重圓／二度就業／裁員／孽緣／倔強／再次挑戰／重複同樣的事／無法應對變化／難以斷絕過去

14 節制
TEMPERANCE

反應

天使靈巧地操控著兩個杯子裡的水。這張牌意謂著溝通，呈現出隨著人與人之間如何交流情感，產生的結果也會有所差異。

正位 接受全新事物

合得來的情人／討論／與工作夥伴溝通／不同行業間的交流會／相互理解的關係／與人往來／聽取許多人的意見／有效果的治療／折衷方案

逆位 無法接受性質相異的事物

單行道般的戀情／戀情沒有進展／欠缺協調性／將工作獨自扛起／不敞開心胸／不聽取他人意見／怕生／溝通不足／無效／交通意外

15 惡魔
THE DEVIL

咒縛

一對赤身裸體的男女被〈惡魔〉以鎖鍊擄獲，鎖鍊綁得很鬆，但兩人似乎沒有打算逃跑。兩人赤裸著身體，呈現出忠實於自身的欲望。這張牌意謂著耽溺於快樂中的心靈。

正位 敗給心裡的惡魔

出軌／嫉妒／依賴戀愛／家暴／無法辭去工作／在工作上欺騙自己／撒嬌／壞朋友／養成壞習慣／無止盡的欲望／無法自律／醜陋／沒有常識

逆位 與心裡的惡魔交戰

逃離戀愛的束縛／斬斷孽緣／端正內心／要求改善待遇／健康的人際關係／面對自卑感／努力戰勝恐懼／重生

16 高塔
THE TOWER

KEYWORD
破壞

〈高塔〉因落雷而崩塌，人與皇冠從塔上掉落。這張牌暗示著破壞與衝擊性的事情。然而也代表著因為這場衝擊，而獲得全新的價值觀，令內心煥然一新的一面。

正位 突然降臨的衝擊
大膽接觸／閃電結婚／大膽地改革／破產／職場環境一百八十度轉變／出乎意料的麻煩／打破常識／意外／很有個性／事故

逆位 之後慢慢抵達的衝擊
開始意識到分手／露出破綻／明知該改變卻改變不了／一觸即發／忍耐的極限／九死一生／老化／心理創傷／久拖而痛苦／緊繃的氛圍

17 星星
THE STAR

KEYWORD
希望

在一顆大而閃亮的星星與七顆星星之下，赤身裸體的少女將壺裡的水注入海裡。〈星星〉顯示著應該前進方向的證明。而裸體少女則象徵著純真的心與可能性，暗示著將順利朝理想邁進。

正位 迎向光明的未來
產生期待／有希望／理想的情人／燦爛的工作／成為明日之星／迎向出乎意料的幸運發展／積極正向的思考／靈光閃現／尋獲／酒／藥物見效

逆位 什麼也無法實現地隨波消逝
對戀愛理想過高／悲觀／希望變成失望／努力白費／不採用／延期或中止／失去目標／廢話過多／遺忘過去／沒精神／理想論／混有雜質

18 月亮
THE MOON

KEYWORD
神祕

有盈有虧的〈月亮〉，是曖昧模糊或不穩定的象徵。從水裡爬出的螯蝦暗示著浮上檯面的不安，而狗與狼則感覺到險惡的氛圍而吠叫著。這張牌擁有朦朧不清的神祕性。

正位 透過幻想看著現實
虛偽的戀情／善變的心／杜撰的工作／不透明／招致誤解／曖昧模糊／互相刺探內心想法／隱藏真正的自己／遍尋不著／浪漫

逆位 一點一點地看得見現實
察覺到虛偽／想隱藏的關係曝光／幻滅／能掌握狀況／回過神來／變得具體／濃霧散去／說出真心話／疾病痊癒／看見現實／黎明

19 太陽
THE SUN

KEYWORD
歡欣

綻放光明的〈太陽〉與騎在馬上的孩童。描繪著毫無隱瞞、映照出所有事物的景象。太陽代表生命力，而孩童則呈現未來的可能性，是暗示未來令人欣喜成功的牌。

正位 獲得努力的成果
健康的戀情／公認的情侶／態度坦率／獲得成功／重見光明／出人頭地／表裡如一的態度／能令人重振精神的對象／揮灑個人本色／熱情／健康／孩童

逆位 看不見陽光
無法坦率高興的戀情／無法表白／因遭人厭惡而顯眼／無法確實感受到成功／回報很少／無法由衷展現笑容／有陰霾／無法展現自己／體力不足／不健康

20 審判
JUDGEMENT

KEYWORD
解放

天使吹著號角，喚醒在棺材裡沉睡的死者。暗示著原本以為一度結束的過去重新復甦，重啟人生的機會。也代表著將會釋出長時間累積的事物。

正位 掌握轉瞬間的機會

認定是命中註定的戀情／表白／破鏡重圓／再次挑戰的機會／長時間擱置的計畫進入執行階段／英明果斷／作個了斷／回想起來／恢復／卸下重擔

逆位 延遲後就這樣凍結

留戀／無法重逢／戀情沒有結果／準備不足／錯失機會／對幸運感到膽怯／延遲決定／受到過去束縛／為時已晚／遺忘／找不到

21 世界
THE WORLD

KEYWORD
完成

在花環中央赤身裸體地跳著舞的舞者。雙手中的權杖意謂著整合，花環則暗示著〈世界〉的起始。四個角落繪製著司掌四大元素的聖獸。這張牌意謂著需要的事物都已齊備的完成狀態。

正位 達成目標而獲得滿足

兩情相悅／幸福的婚姻／天職／品嘗成就感／想要更上一層樓／老交情／好夥伴／同伴／最棒的自我肯定感／勝利／理解一切

逆位 因不滿意的結果而撤退

失去對情人的感恩之情／變得制式化的戀情／驕傲／功敗垂成／不完全燃燒／未完成的工作／遲遲沒有進展／留下不滿／維持現狀

POINT

順序為何會因塔羅牌的款式不同而有差異？

目前在全世界流通的塔羅牌，據說有好幾千種款式。

馬賽塔羅牌據說是現存最古老的 DECK，為僅由紅、藍、黃三色所構成的版畫，小阿爾克那則如撲克牌般，是以花色的個數來呈現數字的。

在十九世紀製作出來的偉特塔羅（或稱萊德塔羅），牌面上充滿各種神祕學符號，人物的表情也變得更加豐富。小阿爾克那也成了

符合牌義的寓意畫，幫助人更容易從畫面上拓展意象，可說是最基礎的設計。

馬賽版與偉特版除了圖案之外，塔羅牌的順序也有差異。除此之外，也有許多甚至連名稱或順序都有所不同的塔羅牌。話雖如此，並不是說哪一方才是正確的，重要的是從塔羅牌上感覺到了什麼。請不要過於拘泥，一邊享受著各種塔羅牌的世界，一邊占卜吧。

馬賽塔羅牌

8 正義

11 力量

據說塔羅牌一開始並不是用來占卜，而是用於遊戲上的卡牌。古典款的馬賽版，在大阿爾克那中的順序是「8 正義」、「11 力量」。

偉特塔羅

8 力量

11 正義

當時為祕密結社「黃金黎明協會」一員的亞瑟・愛德華・偉特，將大阿爾克那的順序改為「8 力量」、「11 正義」，但原因不詳。

意義更細微的
56張小阿爾克那牌

描繪出更貼近人們生活的場景

小阿爾克那（Minor Arcana）為權杖（棍棒）、錢幣（金幣）、寶劍（劍）、聖杯（杯子）共四種花色（P70），各14張牌所組成的56張塔羅牌。

花色應對構成萬物的四種元素（基本要素）──火、地、風、水，據說這代表著推動人類行動的「四種動機」。

四者分別對應的動機如下：火＝權杖（棍棒）為「想達成夢想」；地＝錢幣（金幣）為「想獲得事物或財富」；風＝寶劍（劍）為「想學會什麼」；水＝聖杯（杯子）則為「想得到令內心溫暖的愛情」。

相信您應該發現了，相較於〈正義〉或〈太陽〉等擁有宏偉涵義的大阿爾克那牌，小阿爾克那牌所描繪的則是更為日常風格的景色。

人物的表情也十分豐富，辛勤工作、呆愣地佇立、與人交談……喜怒哀樂、笑容、嘆息等，令牌面更顯得有人情味。

實際上，據說小阿爾克那牌更適合用來占卜現實上的事情或日常生活中的煩惱。如果以書籍作比喻，大阿爾克那牌是代表故事段落的大篇章，而其中的細節片段就是小阿爾克那牌。

「沒想到竟然在這裡繪製了這種主題！」小阿爾克那牌的特徵就是會令人有許多新發現。因此請務必仔細觀察您所抽出的牌，想必會令您更加愛不釋手。

權杖（棍棒）
-WAND-

元素

火

權杖（棍棒）能用來點火、作為武器，是在支撐人類生活上
蘊含了重要可能性的工具。這個花色對應的是火元素，代表生命力、熱情與爭鬥心。
也請注意權杖所指的方向與重疊方式。

權杖一
ACE of WANDS

KEYWORD 生命力

最為純粹地展現出權杖所
司掌的生命力與熱情。也
暗示著靈感與邂逅。

正位 展開新的挑戰

逆位 一項挑戰結束

權杖二
TWO of WANDS

KEYWORD 達到

描繪著充滿野心的成功
者。呈現出進取精神、成
功、上進心。

正位 達到目標，充滿
自信
逆位 快要失去抵達的
事物

權杖三
THREE of WANDS

KEYWORD 摸索

描繪著斟酌採取行動時
機的男子身影。暗示的
是要往下一階段邁進或
者機會。

正位 窺探挑戰的機會

逆位 期待在閃躲的情
況下告終

權杖四
FOUR of WANDS

KEYWORD 歡喜

描繪著裝飾華麗的權杖，
與揮舞著花束、看似幸福
的人們。呈現出身心獲得
滿足的狀態。

正位 獲得由衷的喜悅

逆位 在現況中尋找喜悅

權杖五
FIVE of WANDS

KEYWORD 取勝

人們手握權杖交戰著。
這張牌顯示出與自身成
長相關的戰鬥，或是良
好競爭對手的存在。

正位 一邊切磋琢磨一
邊奮鬥
逆位 擊潰對手

權杖六
SIX of WANDS

KEYWORD 稱讚

坐在馬匹上凱旋而歸的男
人，代表著勝利與榮耀。
也有喜訊降臨或獲得優越
感的意涵。

正位 受到強力稱讚而
感到自豪
逆位 對於不合理的結
果感到不滿

權杖七
SEVEN of WANDS

KEYWORD 奮鬥

暗示著在懸崖上處於優勢而戰鬥的男子掌握了勝負的主導權。顯示出事物順風而有利的狀態。

正位 從有利的立場取勝

逆位 在不利的狀況下面臨苦戰

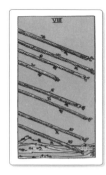

權杖八
EIGHT of WANDS

KEYWORD 急速發展

在半空中奮猛前進的八支權杖，象徵著力量與速度。呈現出發展或情勢順利的狀態。

正位 以令人眼花撩亂的速度前進

逆位 在意想不到的地方停滯不前

權杖九
NINE of WANDS

KEYWORD 準備

男子戒備的模樣，顯示出進入防守的狀態。這張牌呈現出的是準備或小心謹慎。

正位 準備臨機應變

逆位 因為驕傲而遭受沉痛打擊

權杖十
TEN of WANDS

KEYWORD 沉重的壓力

男人懷抱著十支權杖的模樣，暗示著心理上的壓力、獨自承擔的狀態或艱辛。

正位 因自己選擇的重擔而竭盡全力

逆位 放下逼迫自己的事物

權杖侍者
PAGE of WANDS

KEYWORD 傳令

凝視著未來的少年，是對全新事物抱持著純粹熱情的象徵。也意謂著順利的開始。

正位 確信未來而燃燒熱情

逆位 沾沾自喜地說大話

權杖騎士
KNIGHT of WANDS

KEYWORD 出發

騎在馬匹上，看似活躍的青年，暗示著對全新事物投入的強烈欲望與衝動。也呈現出大膽與勇敢的態度。

正位 朝著新天地出發

逆位 內心追不上變化

權杖王后
QUEEN of WANDS

KEYWORD 魅力

手持權杖與向日葵的王后為熱情與魅力的象徵。也呈現出寬大的器量與人望。

正位 周遭的任何人都會受到吸引

逆位 我行我素會造成誤解

權杖國王
KING of WANDS

KEYWORD 果敢

手持權杖的國王為強大力量與領導能力的象徵。也意謂著達成目標的熱情。

正位 以信念達成事情

逆位 強硬地掌控事物

錢幣（金幣）

-PENTACLE-

錢幣（金幣）象徵著能交換各式各樣價值的豐饒。
由於是與地之元素對應的花色，也代表了物質或社會上的地位。
能呈現出財富與人的地位將會造成什麼狀況。

錢幣一
ACE of PENTACLES

KEYWORD 實力

擺放在神之手上的錢幣，
是代表經由努力或實力就
能獲得成功或豐饒的牌。

`正位` 發揮力量獲得
豐饒
`逆位` 以利益為優先，
使努力化為泡影

錢幣二
TWO of PENTACLES

KEYWORD 柔軟度

靈巧地耍弄錢幣的雜耍
藝人，意謂著能夠臨機
應變地應對的適應能力
與彈性。

`正位` 掌握狀況採取正
確行動
`逆位` 無法應對狀況而
吃盡苦頭

錢幣三
THREE of PENTACLES

KEYWORD 技術力

實力獲得認同的雕刻家，
這張圖案意謂的是機會降
臨。也有才華被公諸於世
的意思。

`正位` 培養的力量獲得
評價
`逆位` 擁有的力量未獲
得評價

錢幣四
FOUR of PENTACLES

KEYWORD 占有欲

中央的守財奴代表的是
執著心與穩健。也可解
釋成因為謹慎而畏懼變
化的狀態。

`正位` 以穩定的利益為
優先
`逆位` 變得貪婪而迷失
自我

錢幣五
FIVE of PENTACLES

KEYWORD 困難

貧窮的男女所呈現的是物
質與精神雙方面的缺乏。
暗示著因嘗到痛苦而封閉
內心。

`正位` 因痛苦的狀況導
致精神上的荒廢
`逆位` 由於救贖而取回
希望

錢幣六
SIX of PENTACLES

KEYWORD 關聯性

這張牌描繪著施予者與接
受者的關係，呈現出人類
之間的權力關係與善心。

`正位` 提出善意者與接
受者的關聯
`逆位` 支配者與受支配
者的關聯

錢幣七
SEVEN of PENTACLES

KEYWORD 成長

男子看似不滿地看著收成的錢幣果實，暗示著反省現況。這也是成長必須面對的階段。

正位 改善問題，邁向下個階段

逆位 懷著不安，漫不經心地度過

錢幣八
EIGHT of PENTACLES

KEYWORD 修行

工匠製造著錢幣的模樣，代表專注力與踏實的努力。也暗示著技術或堅持。

正位 專心處理眼前的事情

逆位 無法專注於眼前的事情上

錢幣九
NINE of PENTACLES

KEYWORD 達成

身分高貴的女性意謂的是藉由魅力或才華贏得成功。也暗示了獲得崇高地位的意思。

正位 受到提拔而成功

逆位 以謊言或造假謀取成功

錢幣十
TEN of PENTACLES

KEYWORD 繼承

三代同堂的家族意謂著傳承。暗示藉由所繼承的事物將帶來些什麼，而改變未來。

正位 以繼承的事物維持穩定繁榮

逆位 繼承的事物面臨極限

錢幣侍者
PAGE of PENTACLES

KEYWORD 誠摯

高舉錢幣的少年意謂著對事物的認真態度。也暗示了花費時間的謹慎程度。

正位 花時間累積

逆位 盡是浪費時間

錢幣騎士
KNIGHT of PENTACLES

KEYWORD 現實性

騎在巨大馬匹上的騎士，顯示出以踏實與忍耐力為武器達成目標。

正位 貫徹始終

逆位 以維持現狀告終

錢幣王后
QUEEN of PENTACLES

KEYWORD 寬容

表情沉著的王后，暗示著心胸寬大。教導著為他人盡力貢獻，也能令自己變得富裕。

正位 藉由培育，自己也得以成長

逆位 姑息寵溺只會毀滅彼此

錢幣國王
KING of PENTACLES

KEYWORD 貢獻

手握錢幣的國王，意謂著為了他人而運用自身所擁有的財富、知識、人脈等財產。

正位 試圖讓自己的力量派上用場

逆位 沒有善加活用自己的力量

寶劍（劍）
-SWORD-

寶劍（劍）是從人類的智慧與技術中誕生的工具。
對應風之元素，代表智慧與語言。寶劍也是會傷害人的物品，
顯示出智慧也會視使用方式而成為利刃。

寶劍一
ACE of SWORDS

KEYWORD 開拓

裝飾著勝利王冠的寶劍，
代表著以知識或精神力開
闢全新的世界。

正位 勇於開闢以達成
目標
逆位 強硬態度招致毀滅

寶劍二
TWO of SWORDS

KEYWORD 糾葛

擺成斜角的寶劍顯示出迷
惘後的結果為維持現狀，
也代表將問題延後處理。

正位 以平靜的心保持
和諧
逆位 只想敷衍了事而
走投無路

寶劍三
THREE of SWORDS

KEYWORD 疼痛

象徵心臟的愛心遭三把寶
劍穿刺，暗示著悲傷或令
人心痛的事件。

正位 接受事物的真相

逆位 拒絕真相而掙扎痛苦

寶劍四
FOUR of SWORDS

KEYWORD 恢復

橫躺著的騎士雕像，暗
示著疲勞、休養或暫時
停滯。逆位則意謂著已
經恢復。

正位 安靜休息調整
態勢
逆位 作好準備再次
啟動

寶劍五
FIVE of SWORDS

KEYWORD 混亂

在戰鬥中獲勝，咧嘴而笑
的男人與散落交錯的寶
劍。這張牌呈現出奸詐狡
猾、強取豪奪與混亂。

正位 不擇手段強取豪奪

逆位 重要的事物被奪走

寶劍六
SIX of SWORDS

KEYWORD 中途

人們乘坐在船上，前進
方向的水面平穩。暗示
跨越困境、旅行等移動
的事件。

正位 脫離困難狀況

逆位 倒回從前的困境

寶劍七
SEVEN of SWORDS

KEYWORD 背叛

偷竊寶劍的男子，顯示的
是不法或背叛。也帶有提
防惡意的意涵。

正位 偷偷摸摸地在暗
地裡策劃
逆位 察覺危險，作好
萬全準備

寶劍八
EIGHT of SWORDS

KEYWORD 忍耐

眼睛被蒙住、身體被綁縛
的女性，顯示著忍耐苦難
的意思。也暗示了孤獨感、
鑽牛角尖、受害者意識。

正位 在痛苦的狀況下
等待救援
逆位 在沒有後援的狀
況下胡鬧

寶劍九
NINE of SWORDS

KEYWORD 苦悶

女子嘆息的模樣暗示著悲
傷、不安、罪惡感。也代
表過度往壞處想而看不見
周遭的狀態。

正位 無法挽回的絕望

逆位 不想面對糟糕的
狀況

寶劍十
TEN of SWORDS

KEYWORD 岔路

被寶劍插著的男子，意謂
接受自身的軟弱或負面情
況，才能往下一階段邁進。

正位 接受一切後前進

逆位 只往對自己好的
方向看

寶劍侍者
PAGE of SWORDS

KEYWORD 警戒

少年手持寶劍，眼神銳
利，表現出警戒的模樣。
暗示著危機意識或謹慎。

正位 看清狀況小心
謹慎
逆位 防備顯得有些
不嚴謹

PAGE of SWORDS.

寶劍騎士
KNIGHT of SWORDS

KEYWORD 果敢

騎士騎著馬匹馳騁著。表
現出毫不猶豫地以合理的
方式達成目標。

正位 條理分明地下定
決心前進
逆位 招致無謂的爭端

KNIGHT of SWORDS.

寶劍王后
QUEEN of SWORDS

KEYWORD 正確

王后將寶劍筆直指向天
空，呈現出掌握核心的敏
銳智慧與溫柔。

正位 以正確的言行舉
止令人敬佩
逆位 為了自我防衛的
武裝

QUEEN of SWORDS.

寶劍國王
KING of SWORDS

KEYWORD 嚴格

國王手持的寶劍為威嚴的
體現。暗示著不流於情
感，冷靜地作出判斷。

正位 以客觀的分析作
判斷
逆位 獨裁地守護威嚴

KING of SWORDS.

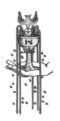

聖杯 (杯子)
-CUP-

元素
水

聖杯(杯子)是用來盛裝液體的容器,同時也是在
儀式上使用的神聖物品。對應的元素為水,隨心所欲地改變形狀的水象徵人心。
而繪製在杯中的物品也是解牌的關鍵。

聖杯一
ACE of CUPS

KEYWORD 愛的力量
擺放在神之手上的聖
杯,從中湧出的水象徵
著愛。暗示精神上的喜
悅與希望。

正位 充滿愛與希望

逆位 因失落感而感到
空虛

聖杯二
TWO of CUPS

KEYWORD 互相理解
男女互相遞出代表情感的
聖杯,代表著心靈相通,
產生信任。

正位 建立良好的信賴
關係
逆位 內心頑固地緊閉

聖杯三
THREE of CUPS

KEYWORD 共鳴
三名女子慶祝著豐收。意
謂著與夥伴一起行動、與
人共享喜悅。

正位 與夥伴共同慶祝
喜悅
逆位 沉浸於怠惰的快
樂中

聖杯四
FOUR of CUPS

KEYWORD 倦怠
男子看似無聊地坐著。呈
現出厭煩、對現況的不滿
等,按耐著煩悶的情感。

正位 心懷不滿而悶悶
不樂
逆位 找出解決不滿的
方案

聖杯五
FIVE of CUPS

KEYWORD 喪失
傾倒的聖杯為失去的象
徵。不過其中仍有兩個完
好的聖杯,也宣告著還有
希望。

正位 因失去的悲傷而
置身於後悔中
逆位 面對全新局勢重
振旗鼓

聖杯六
SIX of CUPS

KEYWORD 內心淨化
孩童暗示的是過去的記
憶,意謂著懷舊、在過去
存在著解決問題的關鍵。

正位 內心充滿懷念
之情
逆位 無法捨棄過去的
記憶

聖杯七
SEVEN of CUPS

KEYWORD 夢境

雲端上的聖杯代表著妄想。顯示出受制於夢想或理想,而無法腳踏實地的狀態。

正位 沉迷而迷失於夢境中

逆位 為了實現夢想而下決定

聖杯八
EIGHT of CUPS

KEYWORD 轉變

背對著聖杯,朝高山前進的男子,暗示著事情告一段落,並啟程邁向新的旅行。

正位 明白終結,再次啟程

逆位 再次向同一主題挑戰

聖杯九
NINE of CUPS

KEYWORD 願望

男人坐在並排的聖杯前方,顯得引以為傲。表現出達成目標、滿足感、喜悅。

正位 一償宿願,內心滿足

逆位 受欲望支配,判斷出錯

聖杯十
TEN of CUPS

KEYWORD 幸福

形成彩虹的聖杯與看似幸福的家庭。暗示的是努力獲得回報、獲得平穩的幸福。

正位 從平穩的每一天感覺到幸福

逆位 因無趣的每一天感到愈發不滿

聖杯侍者
PAGE of CUPS

KEYWORD 接納

以作為想像力象徵的海洋為背景,少年對聖杯裡的魚微笑著。意謂著想像力與柔軟度。

正位 接受一切的悠然自得的心

逆位 容易受到誘惑的軟弱內心

聖杯騎士
KNIGHT of CUPS

KEYWORD 理想

白馬騎士朝著理想邁步前進。暗示了夢想實現時的喜悅或新階段的開始。

正位 達成理想的喜悅

逆位 面對現實的悲哀

聖杯王后
QUEEN of CUPS

KEYWORD 慈愛

美麗的王后凝視著美麗的聖杯。意謂著貼近他人情感並有所共鳴,或無條件的愛。

正位 接納並看穿本質

逆位 接納並沉浸於同情中

聖杯國王
KING of CUPS

KEYWORD 寬大

神情沉穩的國王,意謂著心胸寬大。也暗示了明智的判斷、游刃有餘而產生的玩心。

正位 從容不迫地完成事情

逆位 遭到玩弄而失去自我

能明確回答問題的牌陣

能從各種角度分析一個問題

所謂的牌陣，指的是洗好塔羅牌後的排列方式。藉由事先決定塔羅牌的位置，呈現「出現在這個位置的牌代表『問題的原因』」等牌面，就能從排列好的塔羅牌角度來分析所占卜的問題。透過搭配牌義與牌陣位置的意義一併思考，可獲得更深入的答案。

配合問題選擇牌陣

針對煩惱，想得到直截了當的答案時

➡ 想透過一問一答得到答案
　……… 單張牌（P39）

➡ 想從複數選項中選擇
　……… 二選一（P40）

想分析人際關係時

➡ 想了解與對方的契合度
　……… 六芒星（P40）

➡ 想獲得戀愛上的建議
　……… 心之聲（P43）

想分析心理狀態時

➡ 想深入探索自己或他人的內心
　……… 凱爾特十字（P41）

想查明事情的原因與結果時

➡ 想瞭解運勢或事情的發展
　……… 時間之流（P39）

➡ 想搞清楚問題點
　……… V字型馬蹄鐵（P41）

想知道運勢時

➡ 想知道接下來12個月的運勢
　……… 黃道十二宮①（P42）

➡ 想知道各種類別的運勢
　……… 黃道十二宮②（P42）

　想知道運氣好的日子
　……… 月曆（P43）

針對任何問題，都能直截了當地導出答案
單張牌

目前狀況／人的心情／問題的原因／
未來發展／建言等

解讀 POINT

這是針對一個問題抽一張牌的基本牌陣。但如果問題模稜兩可，就會導致怎麼解讀都可以，並以自己的方式解釋。

訣竅在於要事先確實想好「何時（過去、現在、未來）」的「誰（自己、對方、第三者）」的「什麼（狀態、心理、原因、建言）」，然後再揭牌。

不過，在想知道像「建言牌」（P146）等，自己現在所需要的訊息時，則不需提出具體的問題，請直接抽一張牌，並憑直覺從牌面上拓展意象。有時也能從中獲得意想不到的提示。

問題範例

◆ 我目前的運氣處於何種狀態？
◆ 在意的那個人現在的心情如何？
◆ 為什麼寄出了電子郵件，上司卻沒有回覆？
◆ 明天的磋商會怎麼發展？
◆ 今天該注意什麼事情？

能得知事情的結局或發展過程
時間之流

過去　　　　現在　　　　不久後的未來

解讀 POINT

適合用來解讀「從過去到未來將會如何」等各種事物的「過程」。可自行設定喜歡的時間，比如說「今天、明天、後天」、「一個月後、兩個月後、三個月後」等，因此是十分好用的牌陣。

問題範例

◆ 我的邂逅將會如何發展？
◆ 什麼時候可能會有額外收入？
◆ 接下來的工作會如何發展？

Arrange

原因　　　　　　　　　建言
　　　　　結果

也推薦用來釐清事情「為什麼會這樣發展？」。由於能僅靠三張牌來掌握狀況，甚至導出解決對策，所以能夠應對各方面的煩惱，是個記起來會很有用處的牌陣。

可得知複數選項中
最好的選擇
二選一

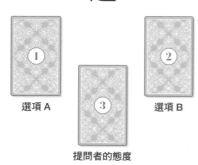

選項 A　　　　選項 B

提問者的態度

解讀 POINT

在需要判斷哪個選擇較好的時候可使用的
牌陣。或許心情容易受到「①選項A」與
「②選項B」的結果左右，不過掌握關鍵的
其實是「③提問者的態度」。根據抽出的牌
而定，甚至可能會導出「該選擇的選項並非
A也並非B」、「兩者差不多」等令人意外的
結論。

問題範例

◆ A男與B男，該選擇誰當情人？

◆ 該買哪一項物品？

◆ 如果要去旅行，選擇A縣還是B縣比
較好？

Arrange

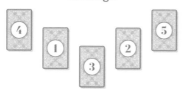

如果想做更細微的比較時，占卜時可設定
為「①選項A的狀態（契合度）」、「②選項
B的狀態（契合度）」，並加抽代表未來角度
的「④選擇選項A的未來」、「⑤選擇選項
B的未來」等牌。

可呈現出
所有關係的狀態
六芒星

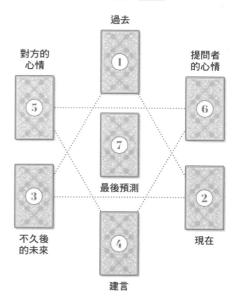

過去

對方的　　　　　　　　　　提問者
心情　　　　　　　　　　的心情

不久後　　　　　　　　　　現在
的未來

最後預測

建言

解讀 POINT

這是以兩個三角形交疊，形成「六芒星」形
的牌陣。除了每一張牌都具有各自的意義
外，俯瞰牌陣整體也是重點。這是因為牌陣
中從抽出的牌的顏色或構圖上的相似程度、
逆位牌較多等資訊，也會透露出兩者之間的
關係。也可藉此確認與公司或組織等之間的
契合度。

問題範例

◆ 與伴侶間的關係降到冰點，該如何
改變？

◆ 與友人A最近有些尷尬的原因與改善
對策。

◆ 該如何讓A公司與B公司構築起合作
模式？

能夠看透人心

凱爾特十字

③ 提問者的表意識（思考的事）

⑩ 最後預測

提問者的狀況

① ②

⑥ 不久後的未來

成為障礙的事物

⑤ 過去

⑨ 提問者的期望

⑧ 周遭（或是對象）的狀況

④ 提問者的潛意識（感覺到的事）

⑦ 提問者所處的立場

解讀 POINT

可以用各種角度細分人的心理面向，並將其擺在每一張牌上剖析的牌陣。

如果單看「⑥不久後的未來」、「⑩最後預測」就為之動搖，可能會因此遺漏重要的提示。問題出在提問者的心理狀態（①～④）、時間上的情況（⑤、⑥），還是環境上的情況（⑦～⑨）呢？請試著一邊判斷一邊解讀。

問題範例

◆ 不依賴他人而獨自扛起工作的原因為何？

◆ 自己在意的那個人，對戀愛抱持著何種態度？

◆ 不知道晚輩在想的事情，他的真正想法是什麼？

◆ 為什麼會一再重複相同的失戀模式？

可迅速推導出問題的原因與解決對策

V字型馬蹄鐵

① 過去

⑦ 最後預測

② 現在

⑥ 成為障礙的事物

③ 不久後的未來

⑤ 周遭（或是對象）的狀況

④ 建言

解讀 POINT

這是能找出問題的原因，並解讀今後將會如何發展的牌陣。出現在「⑦最後預測」中的，是如果繼續發展下去最有可能造訪的未來。如果在這裡出現的牌不符合您的期望，還可以加抽一張牌，來了解如果實踐了「④建言」的內容後，未來如何發展。

問題範例

◆ 跟朋友吵架了，該如何改善關係？

◆ 如何改變不容易賺錢的狀況？

◆ 對於進行得不順利的企畫，該採取何種應對策略？

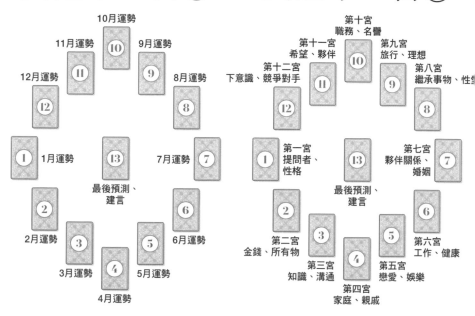

可一眼看出每月運勢的強弱

黃道十二宮①

10月運勢 ⑩
11月運勢 ⑪
9月運勢 ⑨
12月運勢 ⑫
8月運勢 ⑧
1月運勢 ① ⑬
7月運勢 ⑦
最後預測、建言
6月運勢 ⑥
2月運勢 ②
③ 6月運勢
2月運勢 ③
⑤ 5月運勢
3月運勢 ③
④
4月運勢

解讀 POINT

可解讀十二個月份運氣的牌陣。不只在一年的起始使用，也可以選擇生日等節日的時機，以生日月為起點占卜各月運勢。如果在占卜時加入小阿爾克那牌，可以將「寶劍＝作為工作焦點的月份」等，以花色來預測可能會成為當月主題的內容，就能獲得更具實用性的資訊。

問題範例

◆ 接下來的一年間，何時最應該努力？
◆ 從生日開始的一整年，何時會成為重要的轉捩點？
◆ 想知道接下來的一年之間，每個月會令人印象深刻的事件。

可確認戀情、財富、工作……各種運勢

黃道十二宮②

第十宮 職務、名譽 ⑩
第十一宮 希望、夥伴 ⑪
第九宮 旅行、理想 ⑨
第十二宮 下意識、競爭對手
第八宮 繼承事物、性
第一宮 提問者、性格 ①
⑬
第七宮 夥伴關係、婚姻 ⑦
最後預測、建言
第二宮 金錢、所有物 ②
③
第六宮 工作、健康 ⑥
第三宮 知識、溝通
④
第五宮 戀愛、娛樂 ⑤
第四宮 家庭、親戚

解讀 POINT

這是以西洋占星術中黃道十二宮（星座配置）的「宮位」（P174）為主題的牌陣。從第一宮到第十二宮，分別設定為工作或戀愛等主題，藉此可確認各種運勢的情況。如果在牌陣外側再追加一個圓陣，甚至還可占卜這份運勢將會如何發展的未來運勢。

問題範例

◆ 我目前的戀愛、工作、財運……各種運勢的狀態如何？
◆ 我目前應該特別注重哪方面的事？
◆ 現在可能會有什麼機會造訪？

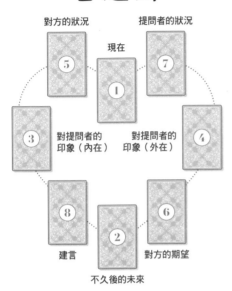

可就與在意之人之間的關係
得到建言

心之聲

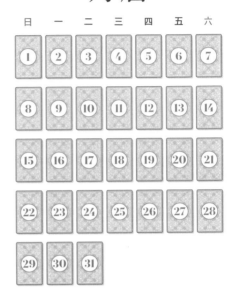

可一目了然地得知
運勢佳的日子或時機

月曆

解讀 POINT

這是特別強化了如何擄獲意中人的心的牌陣。因此並不存在顯示過去的牌，而是從各種角度去解讀接下來該怎麼做才好。「④外在」除了長相或身材外，也請視為包括態度、言行舉止與氛圍等資訊。不僅限於戀愛，當想改善與朋友、家人、同事等各種人際關係時，都推薦使用這個牌陣。

問題範例

◆ 怎麼做才能讓喜歡的人注意到自己？
◆ 團隊的大家對我抱持著怎樣的期望？
◆ 與情人之間的關係曖昧……他究竟是怎麼想的？

解讀 POINT

這是如同當月的月曆般，針對一天抽一張牌的牌陣。不僅是根據抽出的牌安排行程，您還可以事先拍下，驗證每一天牌面所暗示的事情是否發生並加以記錄，這麼一來就能進步得更快。也可以將主題限定於「整個月的工作運」、「整個月的戀愛運」等。

問題範例

◆ 想知道接下來一個月內的每日運勢！
◆ 幾月幾日可能會發生重要事件？
◆ 表白、簡報、上美容院……該如何安排預定行程才好？

以構築成話語的難易程度
挑選塔羅牌

　　人與塔羅牌的圖案之間存在所謂的契合度。與交談後感覺到「跟這個人在一起就是無法好好說話，步調會亂掉」一樣，如果在看了牌面的圖案後也無法拓展靈感，感覺不到自己心中湧現的話語，就表示您與塔羅牌之間的契合度不佳。

　　應該也會存在「明明覺得圖畫很漂亮，我很喜歡，卻無法擴展意象」的塔羅牌吧。下方三張牌同樣都是表達著愛情的〈女皇〉牌，但形象卻大不相同。

　　如果是與自己的世界觀相近的塔羅牌，會比較容易導出相關知識或資訊，讓您更容易占卜。在挑選塔羅牌時也可以參考自己的喜好，比如說喜歡貓的人，可以選擇「貓咪塔羅牌」。

死亡聖神
塔羅牌　　　　　　　偉特塔羅　　　　　　妮可麗塔
　　　　　　　　　　　　　　　　　　　　塔羅牌

某種虛幻而熾熱的事物、　　　女皇　　　　閃亮耀眼的美麗事物、
令自己感到煎熬的什麼。　　　　　　　　毫不吝惜地付出的人。

Chapter1

初階篇

藉由占卜輕鬆的問題，
在記牌方法上下工夫，
以熟悉圖案或意義。

與塔羅牌親近
並與之熟稔

首先培養
一天接觸一次牌的習慣

　　如果平時總將塔羅牌收在書桌抽屜裡，只有在遇到煩惱時才拿出來使用……這樣是無法進步的。此外，塔羅牌的大、小阿爾克那合計共有78張牌，即使無法全部背起來，但如果每次占卜都得看書確認牌義，就永遠都記不起來。

　　您不需要死記塔羅牌的涵義，不過，如果對牌有一定的印象，記得「似乎是這個意思」的話，解讀起來會比較輕鬆，而且也比較容易搭配問題內容加以應用。

　　該怎麼做才能掌握78張牌的大略意義呢？最好的方式就是增加碰觸塔羅牌的次數，其實這就是最短的捷徑。

　　您或許會認為並不是每天都有嚴重到需要占卜的事情吧。其實多數人很容易誤會，塔羅牌並不是僅限於有煩惱時才需要使用的工具，您可以更為隨性地用來占卜各式各樣的事情。比如說詢問今天一天的運勢、明天的預定行程該怎麼做才會順利的提示、該不該買這個配件的建議、與人之間氣氛尷尬時該如何往來等等。您可以將塔羅牌視為工具，幫助您在日常生活中獲得各種提示或改變觀點的契機。

總之請先試著
從簡單地抽一張牌開始

初學者總會想一開始就挑戰「六芒星」或「凱爾特十字」等複雜的牌陣。不過又很容易因為這些牌陣的張數眾多，無法順利解讀而感到厭倦。

這和下廚一樣，請別一開始就想挑戰馬賽魚湯，重點在於先從基本的「如何煮飯」學起。

我推薦的方式是「每日單張占卜」。作法非常簡單，只要將日常生活中的瑣事以單張牌占卜。只要養成每天占卜一件事的習慣，大概三個月後就能將所有塔羅牌都看過一輪，並覺得用塔羅牌占卜相當有趣了。

仔細端詳，
以減少感覺陌生的牌

也請提醒自己要將塔羅牌一張一張地仔細「端詳」，這麼一來，或許會發現在意想不到的地方竟然描繪了意外的圖案。一旦有了接觸後，塔羅牌對您而言就不會再是無關的陌生人，而會產生親切感。

在〈Chapter 1　初階篇〉中，為了能幫助您盡快熟悉塔羅牌，將會介紹輕鬆的占卜方式、大阿爾克那與小阿爾克那牌的記法，以及設定問題的訣竅。

每項內容都是塔羅牌占卜的基礎，只要能確實加以掌握，就一定能順利地提昇等級。其中充滿了延續至應用篇、高階篇的技巧。

想迅速熟悉塔羅牌，
並流暢地占卜

推薦每日單張占卜

所謂的每日單張占卜，是針對日常生活中的事情，抱持輕鬆的心情占卜「會怎麼樣呢」的作法。

接下來想去的地方會很擁擠嗎？想購買的物品真的划算嗎？晚餐該選什麼菜色好呢？該不該帶傘出門呢？——請試著針對這些日常生活中無關緊要的瑣事抽一張牌看看。

您或許會認為「這種事不需要占卜吧？」不過這麼做能確實地幫助您提昇記牌的速度、以自己的話語表現的能力，以及準確解釋牌義的能力。

為了培養塔羅牌的實踐力，與塔羅牌保持接觸是最好的方式。藉由將塔羅牌的意義連結自身經驗或靈感，也能加強解釋深度，並真正掌握能在日常生活中應用的解牌能力吧。

每日單張占卜的基本作法

由於這麼做的目標在於讓自己養成於日常生活中接觸塔羅牌的習慣，所以不需要做什麼麻煩的事，或想得太過困難。

不需要特地騰出空間或時間來使用麻將式洗牌，只要像撲克牌一樣切牌幾次後抽一張牌即可。

此外甚至推薦最為輕鬆的「LUA 抽牌法」，只需將手邊整疊的塔羅牌隨意分成兩疊，將手中那疊翻過來確認最底下那張牌即可。由於只需要抽一張牌，選擇最不會對自己造成負擔的方式即可。

如果人在外面時，也推薦活用塔羅牌占卜APP。

占卜能輕易得知結果的事情

使用每日單張占卜時，建議選擇能夠在不久後的未來輕易得知結果的問題。畢竟都特地占卜了，如果覺得「似乎說中了，又似乎沒有……」，也無助於記憶牌義。藉由得到「說中了！」的經驗，更能幫助您留下「這就是當時抽到的牌」的印象。此外，也請養成對答案的習慣，確認塔羅牌所暗示的是何種結果，與自己的解釋是否相符吧。

問題範例

◆ 接下來要去的店家會很擁擠嗎？

◆ 宅配會在指定的時間送達嗎？

◆ 那個人此刻在想些什麼？

◆ 遲到的朋友幾點才會抵達約定地點？

◆ 特價中的洋裝適合購買嗎？

◆ 家人會晚歸嗎？

試著占卜接下來的行動

問題範例

◆ 今天要注意什麼事？

◆ 晚餐要選擇什麼菜色？

◆ 送什麼禮物給那個人比較好？

◆ 明天的派對該做什麼打扮赴約？

◆ 這週假日應該如何度過？

◆ 要加班嗎？還是要回家？

今天午餐要吃什麼？要穿什麼衣服出門？該怎麼做才能過得更舒適？請藉此尋找幸運的提示。試著從抽出的牌，自由地想像關於菜色或服裝配件的意象，並依此採取行動吧。後方將刊載每日單張占卜關鍵字集（P52）給各位作為參考。不過這只是其中一種範例，還請重視您本身的自由想像力。

―――――――――― P O I N T ――――――――――

透過體驗，更容易記住牌義

每日單張占卜的好處，在於容易透過實際事件體驗牌義。占卜宅配是否會送達時抽到〈審判〉，實際上是「就是現在會送達」。這麼一來，在下次占卜其他事情中抽到〈審判〉時，就容易作出「正是現在」的解釋了。藉由將牌義與日常生活中的事情連結起來，就能讓占卜結果更具實踐性且靈活鮮明。

試著占卜身邊的事情

Case 1 | 我今天的運勢如何？

權杖四（逆位）

〈權杖四〉是顯示「滿足於現狀」的牌。由於也看起來像人們被關在框架裡，因此比起向外發展，更有可能是埋頭處理眼前事務的一天。從牌面描繪製的兩個人看來，或許也帶著都是些閒話家常，而心照不宣地使工作沒有進展的氛圍。

Case 2 | 假日要怎麼度過才有意義？

寶劍六

這是張代表「擺脫困境」的牌，事情似乎會朝著好的方向發展。在這樣的日子裡，比起執著於舊事物，著眼於新的事情上更為恰當。由於從圖案上可解讀到「乘船」、「移動」等資訊，因此前往某處或享受在水邊的休閒娛樂或許不錯。

Case 3 | 今天晚上，丈夫會吃完晚餐後才回來嗎？

節制

身為家庭主婦，要為餐點事先作準備到什麼程度是很重要的問題。由於代表丈夫的牌出現了意謂著「交流」的〈節制〉，因此似乎會有應酬飯局。兩個杯子也暗示著很有可能會喝酒。

Case 4 | 如果在網路購物上買了看中的衣服會怎麼樣？

太陽

由於〈太陽〉意謂著「公諸於世」，因此應該會成為您相當中意，使用頻率相當高的物品。由於也有引人注目、提昇歡迎度的意義在，代表穿上這件服裝將會受人稱讚，可謂盡是好事。這是顯示您非買不可的訊息。

Case 5 | 如果現在與意中人聯絡會怎麼樣？

聖杯六（逆位）

由於出現的是〈聖杯六〉的逆位，可以解釋成「受過去束縛而無法前進」。可能會變成互舔傷口或互相抱怨的情況，而無法談論迎向未來的開朗話題。由於可能會變成共享負面情緒的情況，因此建議稍微擱置一會兒，避開時機或許會比較好。

Case 6 | 今天上司的心情如何？

聖杯騎士

似乎顯示出神清氣爽、想著手做些什麼的心情。由於代表了深思熟慮及心胸寬大，如果有事情想請求或商量，現在或許是適當的時機。由於聖杯顯示的是愛情，所以比起公事公辦的態度，以稍微親暱的態度開口更佳。相對地，如果是對方提出邀請，可立刻接受。

Case 7 | 銀行的人多不多？

女祭司（逆位）

這是張顯示神經質而鬱悶不樂狀態的牌。或許銀行已經十分擁擠，讓顧客感到煩躁了。由於這也是一張表示「難以通融」的牌，因此即使您特地跑了一趟，也可能會因為文件不齊全等原因，無法達成目的鎩羽而歸。

Case 8 | 午餐要選擇什麼菜色？

權杖五

從能感受到戰鬥的熾熱，以及交錯的數根權杖看似網目這點，可令人聯想到燒肉。此外，由於繪製了好幾名男性，或許也能解釋成男性會聚集的，充滿活力的熱鬧定食店會帶來好運。

塔羅解讀關鍵字

每日單張占卜關鍵字集整理了78張大、小阿爾克那牌中，
日常生活中最常占卜的五個主題的關鍵字。

大阿爾克那

主題	YES or NO	來or不來	買or不買	現在處於 何種狀態？	意象關鍵字
愚者	★☆	直接通過	到時會派上 用場	沒什麼特別 的、未知數	最小極限、 輕便
魔術師	☆☆☆☆☆	主動前來	可運用自如	有幹勁、 翻桌率佳	暢快、爽朗
女祭司	★☆	不來	出乎意料地 不會使用	認真、清閒	整潔感、素雅 感、細膩
女皇	☆☆☆☆	等待中	很滿意	豐饒、興隆	圓潤、溫柔、 舒適
皇帝	☆☆☆☆☆	照對方 預定計畫	很耐用	冷靜、還可以	兼顧、放心、 井然有序
教皇	☆☆☆☆☆	如果有約好 就會來	珍惜著使用	尊敬、剛剛好	可信任、 不背叛
戀人	☆☆☆	想來	很中意	好意、熱鬧	清爽甜美、 樂園
戰車	☆☆☆☆☆	就快來了	使用頻率很高	好戰、擁擠	功能性、攜帶 性、便利性
力量	☆☆☆☆	會勉強趕上	雖然不差， 但是……	積極、 人似乎很多	努力整頓、 訣竅
隱士	★★★★	沒有要來 的跡象	束之高閣	內向的心、 休息	悠閒、仔細 踏實、燉煮類
命運之輪	☆☆☆☆☆	正在前來的 路上	三分鐘熱度	悸動、好時機	所追求的事物

YES or NO

針對各種問題，將「YES、好的判斷（☆）」、「NO、不太好的判斷（★）」各分五階段作評價。星星的數量愈多，表示 YES 或 NO 的可能性就愈強。「☆★」則表示「兩者皆有可能」。

來or不來

一邊解讀接下來是否會等到約好的對象或聯繫，一邊確認對方的狀況。

現在處於何種狀態？

呈現人的心情、地點的擁擠程度等，心中所想的對象正處於何種狀態。

買or不買

呈現出購買了食材、服裝、雜貨等物品後，結果將會如何。

意象關鍵字

呈現出可應用於各種事物上的，能從該張牌上所聯想到的事情或氛圍。

主題	YES or NO	來or不來	買or不買	現在處於何種狀態？	意象關鍵字
正義	☆★	依照約定	價格與品質相應，恰如其分	正常的人潮	甜辣、均衡
吊人	★★★★★	不克前來	無法運用自如	難受、沒有任何人	無計可施、安靜
死神	★★★★★	不打算來	一次也不會使用	下定決心、很空曠	換口味、井然有序
節制	☆☆☆	有聯繫	覺得方便而重度使用	感興趣、來來去去	創作料理、折衷方案
惡魔	★★★	遲到、頻繁地上門	只是一時感興趣	撒嬌、失序狀態	過甜、濃稠、上癮
高塔	☆★	驚人的發展	或許會損壞或丟失	吃驚、歇業	破壞性、刺激性、驚人
星星	☆	可能來得了	出乎意料地脆弱	憧憬、舒服	漂亮、新鮮水嫩
月亮	★★	可能不會來	派不上用場	擔心、不安、無法預測	感覺微妙、曖昧不明
太陽	☆☆☆☆☆	期待地前來	就各種層面來說非常滿意	愉快、尖峰時段	簡單好懂、不感厭倦
審判	☆★	現在馬上就會到來	在需要的場合能立刻使用！	靈光閃現、正在整修	想起、「就是這個」的感覺
世界	☆☆☆☆☆	如同預料	會受人稱讚	理解領會、恰到好處	承認自己與他人

主題	YES or NO	來or不來	買or不買	現在處於何種狀態？	意象關鍵字
權杖一	☆☆☆☆☆	正要出門	活用性強	熱情與幹勁、擁擠	新挑戰、熱情
權杖二	☆☆	剛到	覺得幸好買了	自信、一個段落	滿意、自信、自傲
權杖三	☆☆	通知抵達	現在正需要的物品	期待、擁擠	朝著目標邁進、前進
權杖四	☆☆☆	令人高興的結果	心情獲得滿足	沉穩、繞了一輪之後	作自己、放鬆
權杖五	☆☆	大概會來	想要更多	想傳達、排隊	下定決心挑戰看看
權杖六	☆☆☆☆	最後會來	受人羨慕	得意、有好事	很棒、完美、不錯
權杖七	☆☆	會收到回覆	成為新的武器	積極性、忙碌的狀態	自己的喜好、貫徹喜好
權杖八	☆☆☆☆	正朝著這裡過來	工作變得順利	感覺到幸運、順利發展	瞬間急速發展
權杖九	☆☆☆	正在準備出發	以防萬一	臨機應變、安檢嚴格	事先準備、預習、準備
權杖十	★★★★	前來是沉重負荷	名不符實而後悔、難以處理	壓力、交通堵塞	厭煩、受夠了、肚子很飽
權杖侍者	☆☆☆	前來傳話	擁有希望	入迷、人潮開始聚集	自己的興趣、當季
權杖騎士	☆☆☆☆	乘勢而來	變得積極主動	挑戰意願、有人潮	新穎、嶄新
權杖王后	☆☆☆☆	被推薦而來	成為註冊商標	游刃有餘、擁擠程度剛好	作好準備、享受
權杖國王	☆☆☆☆	取決於對方	令周遭吃驚	樂觀的心情、恰到好處	以點子決勝負、原來如此

小阿爾克那・錢幣（金幣）

主題	YES or NO	來or不來	買or不買	現在處於何種狀態？	意象關鍵字
錢幣一	☆☆☆☆☆	有預定要來就會來	因為買到好東西感到滿意	加油、一如往常	確實的手感、名符其實
錢幣二	☆	或許會在閒暇時間前來	有許多用途	船到橋頭自然直、平衡狀態	只擷取對自己有利的部分、通力合作
錢幣三	☆☆☆	只要約好了就會來	還算派得上用場	想正確地實行、排隊	評價相符、名不虛傳
錢幣四	☆☆☆	有好處就會來	滿足了物欲或虛榮心	浪費、賺錢	優質、引以為傲
錢幣五	★★★★	過門而不入，不會來	對妥協感到後悔	無精打采而怯懦、衰退狀態	因負面臆測而產生偏見
錢幣六	☆	只要等待就會來	分給別人、一起使用	想維持平等、還進得去	用金錢買不到的價值
錢幣七	☆☆☆	正在重新調整行程	成為下次購物的提示	反省、只要改善效率就會提昇	雖然不差，但是……
錢幣八	☆☆☆	會依照約定或預定計畫	成為日常必需品	專心致志、隊伍愈來愈長	反覆試驗嘗試的事物
錢幣九	☆☆☆☆	願意來	持有就散發高貴感	自信且游刃有餘、熱鬧	被喜愛的事物、受歡迎
錢幣十	☆☆☆	應該會來	能使用很久	想守護、和以前一樣沒有改變	傳統性、一如既往
錢幣侍者	☆☆☆	有打算前來而行動	日後會派上用場	想學習、人愈來愈多	重視實用性勝於設計性
錢幣騎士	☆☆☆☆	有約好或有事就會來	能確實活用	想堅持到底、隊伍有在前進	好處、重視營養勝於美味
錢幣王后	☆☆☆☆	只要拜託就會來	比起自己，對別人更有用處	為了某人、人數舒適	好的環境、穩定
錢幣國王	☆☆☆☆	有需要就會來	擁有就能提昇能量	想派上用場、等了相當長的時間	品質很好、確實

主題	YES or NO	來or不來	買or不買	現在處於何種狀態？	意象關鍵字
寶劍一	☆☆☆☆☆	排除萬難前來	產生新的風格	想決勝負、接下來人會變多	最初的一步、嘗試
寶劍二	★	一邊確認狀況一邊前來	認為其他的或許比較好	兩者皆可、變空	穩定下來、游移不定
寶劍三	★★★	有理由就會來	後來出現更好的東西而受到打擊	面對現實、感覺會有麻煩	難以下嚥、無法評價
寶劍四	☆☆☆	停下腳步的狀態	目前不會使用	想慢慢來、正在保養	療癒、充電
寶劍五	☆	正在評估來或不來	被話術洗腦	自私任性、有怪人在	自私自利、自我中心式的滿足
寶劍六	☆	終於來了	變得方便	想逃跑、過了尖峰時段	過渡期、接下來才要開始的狀態
寶劍七	★★	即使來了也沒有發現	還有更便宜的店家	想躲起來、信譽不佳	品質與價格不符
寶劍八	★★★★	認為來不了	覺得失敗	依賴他人、擁擠而無法動彈	愛比較的習慣
寶劍九	★★★	忘記而沒前來	疑惑自己為何購買而感到後悔	後悔、沒有事	察覺價值
寶劍十	☆★	會來的預兆	考慮退貨	達觀、認為幸好有來的狀態	發現挑食
寶劍侍者	★★★	或許不會來	謹慎使用	不想失敗、人很少	沒有餘裕、簡樸
寶劍騎士	☆☆☆☆	馬上就來	用起來很順手	合理性、時刻都在改變	重視合理性、無趣
寶劍王后	☆★	會在該來的時候來	如同預期地可用	冷酷、夠用	獨特、原創性
寶劍國王	☆★	只要有正當理由就會來	既然買了就用吧	嚴以律己、人潮還算多	沒有一絲多餘、精挑細選

小阿爾克那・聖杯（杯子）

主題	YES or NO	來or不來	買or不買	現在處於何種狀態？	意象關鍵字
聖杯一	☆☆☆☆☆	如果對方希望就會來	感受到獲得的喜悅	坦率、還算熱鬧	中意、最棒
聖杯二	☆☆	如同期待地前來	產生感情	敞開心房、人潮來來去去	還過得去、對方也能接受
聖杯三	☆☆☆	開心地前來	想讓別人看到	想要慶祝、即使擁擠也很滿意	愉快、美味、開心
聖杯四	★	煞有介事地前來	差強人意而不滿意	苦悶、隊伍遲遲不前進	厭倦、變得千篇一律
聖杯五	★★★	勉強前來	果然還是不太對……	消極、即使空了也沒察覺	只是沒有察覺
聖杯六	☆	想起之後而前來	想送給別人	天真無邪、享受聽見的交談內容	懷念、想起
聖杯七	☆★	正在猶豫不決	選擇其他物品之一	難以決定、任君挑選	不知道想要什麼
聖杯八	☆☆	等前一個預定行程結束就會前來	獲得之後改變主意	改變主意、慢慢變空	已經足夠了、吃飽了
聖杯九	☆☆☆☆	滿意地前來	願望達成而微笑	非常滿意、感到滿意的狀態	恰到好處
聖杯十	☆☆☆	欣喜地前來	因微小的喜悅而感到幸福	幸福、覺得很好的狀態	內心獲得滿足
聖杯侍者	☆☆☆	前來說出內心想法	調整後使用	心胸開闊、穩定狀態	重視設計性勝於實用性
聖杯騎士	☆☆☆☆	送某物過來	早知道就早點買了！	神清氣爽、人逐漸增加	理想的、憧憬
聖杯王后	☆	對方正誠摯等候著	情緒緩和下來	體貼、溫暖的狀態	能適應、一切OK
聖杯國王	☆☆☆☆	正在等著接納您	內心變得游刃有餘	寬大、常客聚集而熱鬧	不要緊

2

不擅長死記……
能一張一張理解並慢慢記住嗎？
⬇
試著注意圖畫中的細節

塔羅牌上繪製了各式各樣獨具巧思的圖案。在主要人物身後隱藏著意料之外的動物，或是服裝上繪製了具象徵性的花紋等。

只要注意這些細節，應該會有有趣的發現。然後只要一度留下印象，就會知道是「啊，是繪製了這個圖案的牌」而感到親切，並容易留在記憶中。

牌面上繪製的符號大多有出乎意料的涵義，只要以此為契機，也能從另一種角度欣賞塔羅牌。

本節將從繪製在偉特塔羅中的圖案中，挑選令人印象深刻的內容。當然，在除此之外的塔羅牌中，作者想必也懷著某些想法而繪製了各式圖案。請試著以同樣的方式一張一張地面對這些牌，這麼一來，一定能更容易記住牌義。

請試著注意背景

華麗的服飾與坐墊

繪製了金星符號的盾牌

女皇

豐沛的水源與玉米

馬的眼睛充血發紅

死神

仔細觀察可看見日出

神情平靜的少女

意謂著「豐饒」的〈女皇〉牌中，可看到以各式各樣的圖案來表現豐饒涵義。盾牌上繪製了金星符號，這是在西洋占星術中代表快樂與喜悅的行星。

乍看之下十分駭人的〈死神〉，實際上可看見描繪了日出、表情沉穩的人物等平穩的象徵。從這點也可讓人從不同角度來解讀牌義。

請試著注意動物

狗

狗是忠誠與保護的象徵，也是代表勇氣與保護的動物。
例：愚者

兔子

兔子由於能生許多幼崽，因此是多產的象徵。
例：錢幣王后

馬

生命力強悍的馬意謂著繁榮與孩子，也是敏捷與征服力的象徵。
例：太陽

牛

母牛以牛乳哺育生命，象徵著大地之母、財產與繁榮。
例：錢幣國王

狼

狼在古羅馬是勇氣、勝利與保護之獸。也是狡猾、殘酷與貪婪的象徵。
例：月亮

蝸牛

神聖的漩渦為永恆與迷宮的象徵。也意謂著女性特質的能量。
例：錢幣九

黑貓

黑貓與魔法、魔女之力有著緊密關連，被視為幸運使者。
例：權杖王后

螯蝦

自古以來就被視為比獸類更為低等的甲殼類，為無意識的領域或原始欲望的象徵。
例：月亮

魚

一次可以產下許多卵的魚，被視為無限的創造力與藝術性的象徵。
例：聖杯侍者

沙羅曼達（火蜥蜴）

有著蜥蜴姿態的火之精靈──沙羅曼達。司掌勇氣與不屈不撓的精神。
例：權杖國王

斯芬克斯

代表守護與王權。也意謂著與法老王有深厚關連的太陽。
例：命運之輪

人魚

司掌愛、誘惑與喪失的存在。也暗示著美麗而悲傷的事件。
例：聖杯王后

羊

羔羊由於其犧牲品的形象，而成為自我犧牲的象徵。牡羊則為男性特質強悍的象徵。
例：皇帝

蛇

蛇由於其脫皮的特性，而司掌死亡與再生。沒有眼瞼這點則意謂著智慧。
例：戀人

獅子

百獸之王獅子意謂著力量。同時也象徵物質上、精神上欲望的強悍。
例：力量

請試著注意在空中飛翔的事物

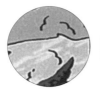

鳥

翱翔在天空中的鳥，為自由、精神與智慧的象徵。也代表了歌曲。
例：寶劍騎士

鴿子

向諾亞方舟宣告旅行結束的鴿子，是神的使者。意謂著和平與喜悅的到來。
例：聖杯一

朱鷺

朱鷺在古埃及為智慧與引導的象徵。也意謂著自由與高度精神性。
例：星星

猛禽

身為天空王者的猛禽為權力、地位、無所不知的象徵。同時也是太陽神的使者。
例：錢幣九

蝴蝶

從蛹羽化為美麗模樣的蝴蝶，為靈魂、復活、變身的象徵。
例：寶劍國王

請試著注意服裝上的花紋

一輪草

一輪草為年輕、美麗、精神性成長的符號。也暗示著開花與起始季節的春天。
例：錢幣九

雲

代表著神的啟示，同時也意謂著隨波逐流的曖昧模糊。
例：寶劍王后

石榴

緊密排列的紅色種子，象徵著豐饒與多產。也意謂著女性特質的力量。
例：女皇

蓮花

為宇宙、創造與醒悟的象徵。由於是在水邊生長的植物，也代表與精神世界的聯繫。
例：聖杯侍者

葡萄

意謂著結實與收穫。由於是葡萄酒的原料，也意謂著自由奔放的人物。
例：錢幣十

請試著注意圖形

三角形

朝上的三角形，是將燃燒的火焰圖像化後的符號，同時也是火之鍊金術符號。
例：節制

四邊形

由於野獸以四隻腳支撐身體，因此四邊形是穩定、大地與司掌四個方位的象徵。
例：正義

五芒星

意謂著人類的頭部與手腳，如果朝上代表著完整性；朝下則為惡魔的象徵。
例：錢幣四

六芒星

六芒星在鍊金術中意謂著四大元素的結合；在猶太教中則代表男女的和諧。
例：戰車

圓形

圓為永遠與完整性的象徵。有時也會以銜尾蛇或蜥蜴的姿態呈現。
例：權杖國王

請試著注意人物的表情

神情嚴肅	閉上眼睛	表情沉穩	恐懼	笑容
看似威嚴莊重的人物，同時也因為別開視線，而顯得有些不悅。 例：皇帝	看似正在冥想，冷靜而沉穩的表情。暗示著醒悟與排他的心情。 例：隱士	與困苦狀況相反，沉穩的表情或許意謂著「情況沒有看起來那麼糟」。 例：吊人	張開口尖叫！看起來究竟是恐懼，還是顯得有些逗趣，都取決於您。 例：高塔	以勇敢無畏的表情微笑。可能是獲得了想要的事物，而使笑容顯得陰險奸詐。 例：寶劍五

請試著注意十字架

生命之符	希臘十字	教宗權杖	聖安東尼十字	拉丁十字
生命之符有著獨特的形狀。在古埃及為生命的象徵。 例：皇帝	臂長相等的希臘十字代表的並非耶穌基督本人，而是基督教的象徵。 例：審判	教宗權杖由三條橫槓所組成。作為羅馬教宗的象徵而著名。 例：教皇	T字型十字架。被用於古羅馬的磔刑，象徵著贖罪與幸福利益。 例：吊人	代表耶穌基督被釘上的十字架，象徵著犧牲、救濟與耶穌基督本身。 例：教皇

請試著注意手中物品

行囊	聖經	地球	旗幟	提燈
小小的刺繡旅行包。由於習慣旅行，或許只隨身攜帶了貴重物品。 例：愚者	記載了猶太教教義的聖經《摩西五經》。為智慧與深思熟慮的象徵。 例：女祭司	如字面所述，象徵著世界上的一切。也請注意人物牢牢抓住地球的手指。 例：權杖二	顯示隸屬單位的旗幟為自我主張與領袖的象徵。上頭繪製的圖案也有箇中意義。 例：死神	照亮黑夜，象徵著救濟與引導。前方有什麼正等待著自己呢？ 例：隱士

請試著注意植物

鳶尾花

為鳶尾科的植物，象徵希望與光。亦為彩虹女神伊麗絲的象徵，意謂著喜悅。
例：節制

紅薔薇

鮮紅的薔薇為愛、熱情與火的象徵。也意謂著事情完成。
例：魔術師

白薔薇

純潔無垢的白薔薇為聖母瑪利亞的象徵，司掌純潔、水、月亮與尊敬。
例：愚者

向日葵

高大且綻放碩大花朵的向日葵，象徵著生命力的強悍與太陽。
例：太陽

百合

潔白的百合為和平與貞潔的象徵。在水邊自然生長的百合意謂著純潔。
例：聖杯六

請試著注意水的流動

河川

乾淨的河川代表淨化與療癒，而潺潺水聲則是溝通的象徵。
例：權杖八

瀑布

流淌而下的瀑布連接人世與神聖世界，也是連接所有存在的導線。
例：女皇

海洋

平靜的水面為冷靜的象徵。顯示和平、如字面所示的風平浪靜狀態。
例：寶劍二

波浪

波浪愈大，暗示著現況愈不穩定而慌亂的狀態。
例：錢幣二

水窪

為深層心理與創造力的象徵。請注意水窪面積愈大愈深，就表示意義愈強。
例：寶劍八

請試著注意天候

雨

為淨化與豐饒的象徵，但如果長時間降雨就可能引發水災，因此也暗示了痛苦。
例：寶劍三

雲

烏雲籠罩的天空暗示著不明確性。代表看不見答案，不確定的情況。
例：聖杯七

彩虹

為和平與希望的象徵。在舊約聖經中，是意謂著與神締結契約的圖案。
例：聖杯十

太陽

為喜悅、事物的起始以及生命力的符號。也象徵著能量與男性特質。
例：太陽

雪

白色為純潔的符號，但因冷凝結的雪，同時也象徵著嚴峻與艱辛。
例：錢幣五

請試著注意日常用品

馬具

馬具為心形，愛心代表著心臟，為熱情的象徵。
例：寶劍騎士

拱門

從庭園的拱門可以看見遠方風景。那是山脈呢，抑或是大海的波濤？
例：錢幣一

臺座

下半身看起來像埋在石造臺座裡，這名人物或許不是人類？
例：戰車

床舖

上頭似乎雕了扛著劍的人與跌坐在地的人，有機會逆轉嗎？
例：寶劍九

杯子

上頭有天使裝飾。視角度而定，也像是收割莊稼的鐮刀。
例：聖杯王后

請試著注意裝飾品

鍊墜

國王佩戴著金色魚形鍊墜。令人聯想到水之元素。
例：聖杯國王

鞋子

左右腳的鞋子高度不同。或許是慌亂中穿錯，還是原本就這樣設計？
例：權杖七

髮型

綠色與橘色的頭髮色彩繽紛，造型奇特。看起來也像是植物。
例：戀人

帽子

如同平安時代的烏帽子般，高而長的帽子。裡頭裝了些什麼嗎？
例：錢幣二

胸針

小小的貓咪胸針。紅色似乎也隱藏了什麼祕密。
例：權杖王后

請試著注意奇特的圖案

手指

手指擺出耐人尋味的姿勢，這名人物想傳達些什麼呢？
例：寶劍十

孩童

孩童顯得一臉無趣。或許是對大人們的閒話家常不感興趣。
例：錢幣十

聖獸

在車輪周遭有四頭聖獸正在閱讀著書籍，是正在學習嗎？
例：命運之輪

紅紙

從乞丐的外套口袋中露出的紅色物體，看起來像是封催繳信。
例：錢幣六

標記

看似紅色陀螺的標記，也有些像十字架，究竟代表著什麼？
例：戰車

無法區分、解讀長得相似的
大阿爾克那牌……
↓
去理解意義上的差異

大阿爾克那牌中，有幾張牌的形象相似，或標題同樣有些抽象。比如說，應該有許多人對〈正義〉與〈審判〉兩者都抱持著制裁的印象。此外，〈死神〉、〈惡魔〉與〈高塔〉同樣帶有黑暗的意象，您知道這幾張牌有何不同嗎？

您當然不需要一字不漏記住所有牌義，最重要的是從牌面上感受到的靈感。不過，如果只讀取到牌面恐怖的意象，占卜結果就會變得愈來愈單調，最後感到厭倦吧。因此請試著挑出在自己心目中印象相似的牌，並思考其中的差異。

在本節中會把容易造成混亂的牌擺在一起，分別解說其共通與差異之處。只要搞清楚每一張牌的意義，就更容易依據占卜主題靈活應用，並獲得更為銳利而具體的解析結果。

請比較相似的牌面

〈愚者〉、〈魔術師〉

由於是大阿爾克那最初的兩張牌，令人印象深刻，不過兩者同樣是黃色背景與人物舉起單手的構圖，在表達「開始」意義上也有些相似，似乎有許多人會覺得混亂。

〈愚者〉雖然正朝著某處前進，不過並未決定主題或目標，顯示出的是吉凶未卜的狀態。

相較之下，〈魔術師〉則已經決定好「就是這個」的主題，並實際展開行動，這是兩者間的主要差異。〈愚者〉的關鍵字為自由，〈魔術師〉則是自信。

愚者

魔術師

〈女祭司〉、〈教皇〉

由於您對所謂的神職人員的職務內容不太
熟悉，所以或許很難想像。

兩者都是神職人員，但〈女祭司〉代表著
試圖學習並理解肉眼看不見的世界的精神
性；〈教皇〉則是教導世人身而為人的規
範與道德，促使世人在精神方面成長的領
袖。兩者之間有這樣的差異。

女祭司　　　　　教皇

〈女皇〉、〈皇帝〉

〈皇帝〉與〈女皇〉肩負守護國家的職責。
兩者的共通處在於都身穿令人感受到高貴
氣息的正式裝扮，並擁有穩固的地位。

如果將他們視為夫妻應該就很容易理解。
〈女皇〉孕育名為孩子的第三個生命，而
〈皇帝〉則要加以守護並維持其安定，可說
分別濃厚地展現了女性特質與男性特質。

女皇　　　　　　皇帝

〈戀人〉、〈惡魔〉

以天使與惡魔為中心，站著一對男女，形
成三角形的構圖雖然相似，卻是呈現幸福
與墮落兩種完全相反情況的牌。

〈戀人〉指的是在伊甸園裡的亞當與夏
娃，也有人認為當兩人墮落為快樂的俘虜
後就成了〈惡魔〉。

赤身裸體為毫無隱瞞的純潔象徵，但〈戀
人〉表現的是戀愛心情，〈惡魔〉展現的則
是忠於自身欲望，這點可說是最大的差異。

戀人　　　　　　惡魔

請比較色調相似的牌面

〈皇帝〉、〈正義〉

兩者同樣身穿紅衣坐在石造王座上，因此容易給人相似的印象。共通處在於同樣暗示如同岩石般堅定的意志，不過請注意〈皇帝〉是男性，〈正義〉則是女性。

而兩者間的差異在於〈皇帝〉會將「自身信念」這個唯一答案貫徹到底，〈正義〉則是試圖從善與惡兩種選項中作出選擇。

皇帝　　　　　正義

〈戰車〉、〈力量〉

兩張牌的主題都充滿力量。只要一看牌面就能明白，〈戰車〉意謂著以強大氣勢前進。

相較之下，從繪製了女性這點看來，也能得知比起單純的蠻力，〈力量〉更含有「巧妙運用力量馴服對方」、「用絕妙的力度拿捏掌控狀況」的意義。兩者間的力量使用方式是有差異的。

戰車　　　　　力量

〈命運之輪〉、〈世界〉

兩張牌的共同點在於四個角落同樣繪製了四大聖獸。

不過〈命運之輪〉中的聖獸正閱讀著書籍，給人牠們正在學習，與某些事正在進行中的感覺；而〈世界〉中的聖獸則露出威嚴的神情，暗示著某些事已經完成。

此外，〈命運之輪〉為永遠轉動的圓圈，〈世界〉的圓圈呈現將世間萬物籠罩其中的完整樣貌。

命運之輪　　　世界

請比較印象相似的牌面

〈正義〉、〈節制〉、〈審判〉

由於每一張都是表現概念的牌，因此或許有許多人覺得摸不著頭緒。

〈正義〉為立場公正，如法官般明辨善惡之人。

〈節制〉為在兩者間取得平衡，以及具融合意義的牌，代表著溝通。

〈審判〉從詞彙上看來，容易給人制裁或判斷的印象，不過這裡意謂的是聖經中的「末日審判」。死者會在世界盡頭復甦，並由神加以判決該前往天堂還是地獄。因此也能解釋為宣告事物重生或「那個時刻到來」的牌。

正義

節制

審判

〈星星〉、〈月亮〉、〈太陽〉

每一張都是描繪天體的牌。〈星星〉與〈太陽〉為吉兆較強的牌，唯獨〈月亮〉散發著險惡的氛圍。

相較於自身能散發光芒的〈星星〉、〈太陽〉，只是反射陽光的〈月亮〉或許是顯得不穩定的存在。

一絲不掛的裸體人物，象徵著不需隱瞞自己的純真。〈星星〉中的少女代表未來的希望；〈太陽〉中的孩童則表現生存的喜悅與快樂。

由於是大阿爾克那牌中後半的牌，或許有許多人搞不清楚順序。只要記得順序是從〈星星〉到〈太陽〉，「光芒逐漸增強」就行了。

星星

月亮

太陽

請比較名稱與構圖相似的牌面

〈隱士〉、〈吊人〉

只有中間有個人物的構圖，以及灰色的昏暗色調相似的兩張牌。

兩者都含有「自我審視」的意義，不過〈隱士〉比較有積極讓自己獨處以思考事情的意識；相對地，〈吊人〉則是動彈不得，容易令人不由得心想究竟發生了什麼事情。

隱士　　　　　　吊人

〈愚者〉、〈隱士〉

〈愚者〉與〈隱士〉名稱雖然相似，卻是性質迥異的兩張牌。不過兩者都具有與社會保持距離的共通處。〈愚者〉為跳脫世間常識，〈隱士〉則是與世隔絕。

什麼也沒想地四處閒晃的〈愚者〉，也與思考過多而動彈不得的〈隱士〉呈現出對比。

愚者　　　　　　隱士

〈女祭司〉、〈正義〉

身後雙柱同樣令人印象深刻的組合。描繪於黑白雙柱上的文字，意謂著希伯來文中的「JAHIN（光明）」與「BOAZ（黑暗）」，而位於其間的〈女祭司〉則隔著面紗感受著陰與陽、自己與他人等兩種對立的事物，並運用著直覺。

位於石柱之間的〈正義〉則正要判斷善惡。〈女祭司〉為靜觀，〈正義〉為徹查，兩者之間有著這樣的差異。

女祭司　　　　　正義

請比較意義或圖案相似的牌面

〈死神〉、〈惡魔〉、〈高塔〉

這三張牌由於同樣繪製了駭人的圖案，衝擊性強，而被稱作「三大凶牌」，不過只要能理解箇中差異，應該就不會感到畏懼了。

〈死神〉暗示的是事物因命中註定的力量完結的同時，也有新的事物起始。

〈惡魔〉與其說是災難，不如說代表著和內心的欲望與誘惑交戰。

而〈高塔〉暗示的是因突如其來的事件而崩毀，但也接續著「改革」或「翻新」。

只要理解這些細微的差異，就不會再解讀錯誤了。

死神

惡魔

高塔

〈教皇〉、〈戰車〉、〈惡魔〉

這三張牌的共通之處，為立於頂點之人，以及跟隨其下的兩人這樣的三角形構圖。

祝福信徒的〈教皇〉在基督教中代表著「聖父」、「聖子」、「聖靈」三位一體的關係。

而〈戰車〉是試圖控制黑白兩頭斯芬克斯。

〈惡魔〉則像是擔任墮落男女的仲介者一般站在中央。

三這個數字具有主動性的意思，但這幾張牌的共通之處，在於上方之人全都能控制眼前人事物的行動。

而令人印象深刻的差異則在於〈教皇〉促進精神性；〈戰車〉催促實際事物前進；〈惡魔〉推動的則是存在於內心的欲望。

教皇

戰車

惡魔

沒有參考資料
就不懂小阿爾克那牌的意義

→

試著從「花色與數字」聯想

　　只要理解小阿爾克那的結構，就能更迅速了解。

　　小阿爾克那由權杖、錢幣、寶劍、聖杯四種花色（圖案）所組成。這四者與構成萬物的元素（要素）對應，權杖為火（熱情）、錢幣為地（物質）、寶劍為風（思考）、聖杯為水（情感）。小阿爾克那牌又可分成從一到十的數字牌，與稱作侍者、騎士、王后、國王的宮廷牌（人物牌）。

　　換言之，將四種元素的意義與數字、宮廷牌的意義相乘後，就組成了56張小阿爾克那牌。如果是〈聖杯三〉，就能解釋成「情感（聖杯）喜悅（3）」。

　　只要了解這個基本規則，應該就格外容易想像小阿爾克那的牌義了。

何謂花色與數字？

花色

繪製在小阿爾克那上的花色，是撲克牌花色的由來。權杖是梅花（♣），錢幣是方塊（◆），寶劍是黑桃（♠），聖杯是紅心（♥）。只要對照著熟悉的撲克牌來思考，應該就會比較容易記住牌義。

數字

數字分成奇數與偶數。奇數只要相加就能變成偶數，是屬於主動性的數字；偶數即使相加仍維持偶數，所以是屬於穩定的被動性數字；而「0」本身並不具備作為數字的意義，只要在後頭加上「0」，數字就會變大，因此擁有「未知數」的涵義。

取自四大元素的花色意義為何？

火（權杖）

「想成就些什麼！」的意象。權杖對應火之元素。

請試想熾烈燃燒的火焰意謂著想成就些什麼的熱情、前往未知場所的勇氣，並表現其變化。野心的結局、夢想成真、生命力或健康狀態等也可以視作這個元素的意象。

火產生地（灰），地作為火的燃料的關係

火（太陽）產生風，風幫助火焰燃燒的關係

地（錢幣）

「想讓生活安定！」的意象。錢幣對應地之元素。作為孕育所有生命的基石，大地象徵著莊稼收成、培育技術、作為交換作物用的代價的金錢。也代表了技術、人脈、房屋、財產等社會地位。忍耐風雨、不屈不撓的忍耐力也是可視作這個元素的意象。

水可以滅火，火可以讓水蒸發的關係

地阻斷風，風擴散地的關係

風（寶劍）

「想理解後傳達！」的意象。寶劍對應風之元素。風所呈現的是智慧或思考能力，並包括藉此孕育而成的價值觀、自我表現與溝通。此外也暗示了戰略與計策等高度智慧的活動，或是受既有觀念束縛或固執。這是因為言語有時也能成為銳利的刀刃傷害他人。

地承接水，水滋潤土地的關係

水（聖杯）

「想與某人相互理解！」的意象。聖杯對應水之元素。無形流動的水，象徵著能滲進任何地方的情感。擁有想貼近人心，相互理解的衝動；也可說是代表著戀愛或人際關係的衝動。此外，催生感動人心作品的創造力與藝術品味也囊括在這個元素的意象中。

風吹動水，水使乾燥的風產生變化的關係

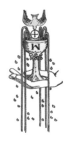

確認十個數字所具有的意義

1

事物的起始
與創造事物的力量

「1」為意謂著起始或誕生的數字。小阿爾克那各花色中的數字一，都是以最為純粹的形式呈現出花色意義的狀態。請試著從最初的一步、一號、第一名等，各種含有「1」的詞彙來拓展意象。「無中生有」的特質也代表了創造性或活力。

2

另一個對立的要素，
被迫從中選擇

表示兩種選項、二重性、二元對立等。為光明與黑暗、男與女、物質與精神、善與惡、天與地等，在對立要素之間動搖或者試圖取得平衡的狀態。也有在兩者之間選擇其一的意思，以及關鍵字「直覺」。

3

帶來愛與喜悅，
與進一步的變化

只要將兩個點再加一個點，就會形成三角形。「接受兩種相異的事物，誕生全新事物」的特質，意謂著喜悅、積極性、創造力與愛。被視為代表「聖父、聖子、聖靈」三位一體的神聖數字。在小阿爾克那牌中會繪製在變化與喜悅的場景裡。

4

在穩定的情況下
充斥的制式化感

只要有四個點，就能形成具穩定感的四邊形，因此是確實性與安全性高的數字。同時也是四大元素、四個方位等代表世界整體的數字。在小阿爾克那牌中，總會被繪製在處於穩定狀態的位置上。但也可以說由於缺乏變化，而容易陷入制式化的狀況。

5

劇情走向產生變化的
重要分岐

由於位於四捨五入的分界，因此「5」這個數字被視為重要的轉振點。容易產生大的變化，也常暴露於危險當中。在小阿爾克那中，經常會被繪製於戰爭、貧困、衝突等改變至今為止形勢的場景，請試著留意看看。

6

顯露於內在的
美德與惡行

如同六芒星所顯示的，是接受一切的愛之數字。另一方面，也被說是導致驕縱或依賴的惡魔數字。究竟會偏向何方則取決於當下的情況。在小阿爾克那中，會被繪製於和諧融洽的關係裡，但請注意您在抽牌時的感受。

7

為了以前方為目標，
需面對自己本身

是由代表神聖與進一步變化的「3」，和代表著物質上穩定的「4」組合而成的數字。在小阿爾克那牌中，會被繪製於雖然獲得某些成果，卻無法滿足於現狀，而試圖以前方為目標的模樣，或者對所處立場有著糾葛的情緒。也是意謂自我探究或智慧的數字。

8

藉由跨越障礙，
邁向下一個階段

將「8」擺放，就會變成「∞（無限）」符號的特質，代表了無限的能量。在小阿爾克那牌中，會被描繪於以各種方式前往下一階段的模樣中，可以從速度感與前進方式讀取到其中差異。也可說是暗示著克服逆境、脫離現況、新的發展的數字。

9

因為抵達而產生的
自省時間

「9」是一位數中最大的數字，代表接近完成的狀態，並囊括所有事物。處於從高處俯瞰一切的達觀狀態，同時也能反省己身，在精神上、物質上都游刃有餘。「寶劍九」則代表內心僅剩感嘆悲傷的餘裕。

0

在必然的巔峰看見的，
「終點」前方的事物

「0」原本是代表空白的符號，但也是令位於左側的數字倍增的強大數字。暗示著在「9」看見一個終點後，於前方等待著的發展、終結的事物、完成的同時也是起始。在小阿爾克那中，明確地闡述所迎接的結局是幸福抑或是不幸，令人印象深刻。

--- **P O I N T** ---

以數字掌握大阿爾克那， 就會有所發現

大阿爾克那的數字（〈21世界〉為2＋1＝3，請依此類推，將二位數拆開後相加成為一位數）就會得到該牌的象徵數字。〈6戀人〉與〈15惡魔〉為意謂理想的「6」；〈9隱士〉與〈18月亮〉則為代表著自省的「9」等，有許多很有意思的吻合處。

戀人　　　　惡魔　　　　隱士　　　　月亮

容易依自己的想法進行解讀……
該怎麼做才能得出正確答案？

⬇

重點在於提問的方式

將無意間抽出的牌解讀為對方的心情、未來的發展或建言……如果在曖昧不清的狀態下抽牌，就只會得到似乎怎麼解釋都可以、模稜兩可的答案。有時甚至會在沒有意識到的情況下改變觀點。

不過，如果總是照自己的方便解釋，那就只能作為慰藉而已。

而一邊開口說出問題一邊揭牌，是意外有效的預防方式。一邊確實出聲詢問「那個人現在的心情為何？」等問題，就能避免自己被期望牽著鼻子走，而依自己的喜好解讀。

特別需要注意的，是一開始就要確實設定好問題。因為根據提出怎樣的問題，也會影響答案的犀利度與準確度。

接下來會介紹設定問題的訣竅。只要了解該如何組織問題的架構，就不會感到困難了。

來搞清楚自己究竟想占卜什麼吧！

大多數人都是在感到不安或迷惘時才會拿起塔羅牌。首先就來確認占卜主題與煩惱為何吧。即使是戀愛問題，也會基於問題是「是否沒有邂逅運」、「抗拒戀愛的心理因素」、「應該採取行動的時機」、還是「現在的戀愛運」等，使用的牌陣與揭牌時得到的答案都會隨之改變。

不過，有時人會原因不明地感到煩悶或情緒低落。在這種時候，為了掌握現況，總之請先試著抽一張「目前的自己牌」（P126），這麼一來應該能從中了解該占卜的事情為何。

> 總覺得有些煩悶，
> 原因是因為工作，還是戀愛？

> 或許是在工作上
> 惹火了上司一事留下影響……

⬇

> 既然如此，
> 就來試著占卜工作問題吧！

確實擁有自己的願望

想知道些什麼，與「知道後想怎麼做」應該是成套的問題。只是知道對方的心情也沒有任何意義吧？您一定還會期待著「想跟對方聊更多話」、「希望與對方兩情相悅」才是。而誠實面對自己的願望是非常重要的。

「反正一定無法兩情相悅……」這樣的狀態是不行的，明確地抱持「自己想這麼做」的意志，才是引出答案的關鍵。

等您的問題已經明確到「為了實現願望該怎麼做？」的程度後，就請務必試著占卜看看。相信一定能獲得切中核心的答案。

希望明天不會挨罵，
要來占卜看看上司的心情嗎？

不過，只要打一開始不犯錯，
應該就不會挨罵了才對……

只要自己能成為一個不會出錯，能幹練俐落地完成工作的人就好了！

來占卜看看為此該怎麼做
才好吧！

願望無法變得具體的話該怎麼辦？

話雖如此，如果打一開始就能確實掌握自己或者現實狀況，並明確設定好問題的話，根本也不會感到煩惱了——這樣的人或許占了大多數。

這時，您也可以運用塔羅牌來整理混亂的內心或身處的狀況。

這時候，推薦的作法是將問題分成幾個階段，並反覆使用單張牌占卜。「我現在應該第一個解決的問題為何？」、「為此該怎麼做才好？」等，只要一邊與塔羅牌交談，一邊反覆提問，逐漸縮小問題範圍即可。

這麼一來，願望就會逐漸變得清晰，問題也會開始具體起來才是。

是什麼原因導致自己
在工作上犯錯？

為了避免自己在工作上出錯，
該留心什麼事情？

明天應該抱持
何種態度面對工作？

可將問題分成五個方向

意識到問題的落點也很重要。問題大多可分為以下五種方向。自己想知道的究竟是目前狀況、某人（包括自己）的心情、問題的原因為何、未來發展會如何、還是有何建言。只要將自己煩惱的主題與其中之一組合為「戀愛 × 問題的原因」、「戀愛 × 未來發展」、「戀愛 × 建言」等，藉由一邊替換詞彙一邊想像，就能找出應該詢問的問題了。

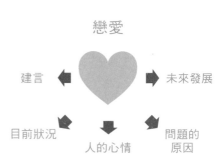

戀愛

建言　　未來發展

目前狀況　人的心情　問題的原因

目前狀況

如果無法充分掌握自己的現況，請以此為主題占卜。

◆ 我目前身處何種狀況？
◆ 現在的運氣如何？

人的心情

不只是自己或他人的心理狀態，還能占卜公司或組織對自己的看法。

◆ 那個人在想什麼？
◆ 面試的公司對我的評價如何？

問題的原因

妨礙願望實現的主因為何？藉此可確認是否存在問題或障礙。

◆ 為什麼那個人遲遲不聯繫自己？
◆ 我在面試時總是會怯場的原因為何？

未來發展

占卜事物接下來將會如何發展，願望有可能實現嗎？

◆ 今後那個人會聯繫自己嗎？
◆ 面試當天的氣氛會怎麼樣？

建言

搞清楚自己為了實現願望該做些什麼，該作好怎樣的心理準備？

◆ 為了能與那個人交談，我能做些什麼？
◆ 面試當天，我應該注意什麼？

請試著這樣設定問題

Case 1 不知為何有些煩躁……

在懷著原因不明的煩躁情緒的狀態下，就算想試著占卜看看也是不行的。首先請冷靜下來，搞清楚自己究竟想知道些什麼。

這次一開始先抽了「目前的自己牌」，以抽出的〈寶劍騎士（逆位）〉關鍵字為契機思考後，導出煩躁的原因在於與朋友爭吵。

接著決定再來占卜自己想怎麼做。這時候詢問的是針對修復關係的建議，不過其實也能詢問對方現在的心情、未來的關係或消愁解悶的方法等等。請依照自己想怎麼做來決定問題。

自己為什麼會感到煩躁？

「目前的自己牌」為
〈寶劍騎士（逆位）〉，
是代表爭鬥的牌。

寶劍騎士
（逆位）

自己單方面地責怪了朋友，
他搞不好對此感到不滿……

來占卜為了解開誤會，
自己該怎麼做吧！

POINT

讓您能夠設定高明問題的單張牌完整版

想讓設定問題的功力進步，有個推薦的練習方式。那就是「單張牌完整版」，換言之就是以78張塔羅牌來進行單張牌占卜。將整疊塔羅牌拿在手上，像在跟人交談般一直向塔羅牌拋出問題，比如「我現在所置身的狀況為何？」、「會出現關鍵人物嗎？」、「為什麼會變成這樣？」等等。一共提出78個問題，當然，很有可能問到一半就覺得「我已經想不出問題了！」幾乎沒有人能夠一開始就完成78張。首先請嘗試挑戰自己的提問功力，看看自己能詢問幾張吧。

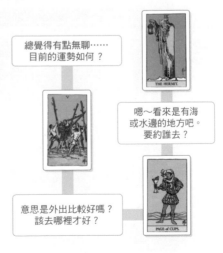

總覺得有點無聊……
目前的運勢如何？

嗯～看來是有海
或水邊的地方吧。
要約誰去？

意思是外出比較好嗎？
該去哪裡才好？

塔羅牌筆記本
是幫助進步不可或缺的工具

　　如果想認真地將塔羅牌融會貫通，請務必準備一本筆記本。只要製作一本記載占卜結果的「塔羅牌筆記本」，就能用來驗證結果或事後回顧，非常方便。

　　此外，不只是占卜，我更推薦每天看一張塔羅牌，寫下三個想法或感受。如果想得出來，寫十項、二十項都無妨。這時候的重點在於寫下從您內心自然而然浮現的詞彙。如果是〈魔術師〉，寫下的並非「開始」、「充滿自信」等刊載在參考資料上的詞彙，而是試著寫下「雖然靈巧，但感覺會迎合他人」、「想引人注目！」、「攝影機或許會轉去拍攝」、「感覺好像表演型銷售人員」等不加矯飾的詞彙。

　　這麼一來，當下次在某個占卜中抽出〈魔術師〉時，就能夠順利從中產生解釋了。

寫出的詞彙會反應出當下的心理狀態，日後回顧時，甚至會發現同一個關鍵字重複出現了好幾次。這可以解釋成自己對這個關鍵字就是如此執著。

Chapter 2

應用篇

本章將告訴您自由解讀塔羅牌的訣竅，
您可以用自己的方式表現牌義，
或是從牌陣中編織故事。

用自己的話語
來詮釋塔羅牌

掌握每一張牌的角色

　　如果您認為自己已經將78張牌全部瀏覽過了，就請將重點從牌義轉移到以自己的話語表現上。

　　為此，最重要的是懷抱著親切感接觸每一張牌。請試著以自己的話語表現牌面，思考繪製在塔羅牌上的人物個性、背景故事，以身邊的人物、漫畫或電影中的登場人物來聯想，或許也是不錯的方式。

　　這麼一來，不久後應該就會覺得「這張牌是這種角色」，看起來格外顯眼，詞彙也會如對話一般陸續浮現。

　　建議您在筆記本等處將想到的詞彙寫下，這麼一來就能製作出專屬於您的塔羅牌關鍵字集。

　　或許有人即使看著塔羅牌，腦中也浮現不出詞彙，那只是因為您還不習慣用自己的詞彙表達自己的想法和感受罷了。只要持續下去，就一定能逐漸引出詞彙，請不用擔心。

　　或許也有人習慣一邊拿著書一邊揭牌，但這是十分可惜的行為。首先請珍惜自您腦中浮現的詞彙，參考資料只要用來作最後確認即可。解牌並沒有對錯，您想怎麼解讀都可以，所以請毫無顧忌地將想法化為言語。

如同對話交談般
以塔羅牌占卜

　　請別依賴文本中的關鍵字，用自己的詞彙來表現塔羅牌。即使說到了這一步，您才算真正體會了塔羅牌占卜的樂趣也不為過。無論拋出何種問題，詞彙都會自然而然地出現。

　　這可以說是透過塔羅牌與自己對話。請您務必親身實踐接下來介紹的點子，讓自己也體驗那個境界。

不受常識束縛，
自由地以言語表達

　　在〈Chapter 2　應用篇〉中，將會介紹從牌面自由地拓展意象，並將之化為屬於自己詞彙的提示。此外也會解說怎麼找出應該注意的重點，幫助您不僅確認每一張牌，還能從整個牌陣中編織出屬於自己的故事。這麼一來，您也能拋開參考資料，作出屬於您自身風格的牌義解析。

6

怎樣才能立刻解讀
難記的塔羅牌？

➡

試著替塔羅牌取暱稱

如果想與塔羅牌熟稔，推薦使用替牌取個暱稱的方式。藉由以您獨有的名字稱呼，就能讓原本顯得見外的塔羅牌產生成為朋友般的親切感。

重點在於替牌取個自己認為合適的名字。我在右頁介紹了幾個例子，不過只是記住它也沒有意義，關鍵是由您替牌取個您總是很有感覺，能夠隨即想到「就是這張牌！」的名字。

藉由取暱稱，也能克服某些牌容易令人產生壞印象的問題。並非嚴肅地想著「抽出了人物垂頭喪氣的〈聖杯五〉……」，而是轉念認為「竟然抽到〈悲劇女主角牌〉！」的話，心情也比較不會那麼糟，而能夠客觀地接受才是。

因此這也有令容易變得嚴肅的想法，切換成具建設性想法的作用。

即使以喜歡的事物來取暱稱也無妨

請試著想像您替人取暱稱時的情況。一般來說，大多會取自名稱、出身地等與屬性相關的資訊、外觀帶給人的印象、對方表現出具特徵的言行舉止。

替塔羅牌取暱稱也是同樣的方式，請將牌義、看了圖畫後的感受直接化為詞彙即可。

也很推薦從占卜某些事的結果來命名。如果是在有臨時收入的日子抽到的牌，就可以取名「意外幸運牌」；如果是在與人吵架的日子抽到的牌就取名「糾紛牌」等，只要知道是「那個時候抽出的牌」，也會更容易記住。

這樣的暱稱如何呢？

束之高閣牌

隱士

在我買衣服時如果抽到這張牌，那些衣服就無一例外地都會被我塞在櫥櫃深處，因此從這樣的實際經驗取名。可以解釋成一旦過度追求理想，就會與現實脫節，換言之就是「在現實生活中用不到」。

開通牌

權杖八

這是有八支權杖氣勢驚人地飛過的牌，暗示著迅速的發展。由於抽出這張牌時發生過塞車緩解、腸胃不再便祕等情況，因此我取「停滯的事物動了起來」的意義，取名為「開通牌」。

周轉牌

錢幣二

雖然處於不穩定的狀態，仍試圖圓融地處理。在人物背後的船隻也在試圖取得平衡，在大浪中前進。不限於金錢上的周轉，如果是戀愛上，或許也能解讀為在兩個對象之間都吃得開。

風骨牌

錢幣五

在寒冷雪地中，衣衫襤褸地經過教堂前的人物，令人感覺到不需要協助的自尊心。請仔細看清這究竟是死要面子，還是抱持著必須以一己之力做些什麼的責任感。

針灸牌

寶劍十

這雖然是張看似疼痛且令人討厭的牌，但我想換個觀點，於是這麼命名。不僅取自被好幾把劍插著的狀態，也將「試圖面對自身弱點或不好的部分，邁向下一個階段」的意義與「針灸」作連結。

悲劇女主角牌

聖杯五

這是張一抽出就會瞬間感到失望的牌，不過請注意在他身後其實還有兩個聖杯。由於在自問自答中得出「他是否背離現實，沉浸於可憐的自己？」的解讀，於是取了這個名字。

受限於參考資料，
只能想出制式化的詞彙

⬇

試著用身邊的景致替換

　　無法從塔羅牌上順利引出意義的原因之一，或許是由於在牌面上描繪的人物或景象與現實相去甚遠。

　　因此，請試著將塔羅牌替換成您所熟悉的情境。試著想像看看，如果畫中人物實際存在，可能會說些什麼話？如果牌中的人物相遇時，可能會聊些什麼？您周遭有沒有類似〈愚者〉的人物？有沒有遇過像〈錢幣四〉的狀況？

　　〈皇帝〉是在大企業工作的男人，地位雖高，卻給人恐怖的印象，沒有能說真心話的對象，即使想邀請部下「喝一杯再回家吧」，也開不了口——就像這樣，也能將〈皇帝〉與「頂點的孤獨」這個關鍵字連結在一起。

　　只要藉由拓展意象，就能更自由地表現牌義。

請試著加上對話框，讓他們交談

更簡單的方式，就是試著替塔羅牌加上臺詞。請試著想像牌中人物過著怎樣的生活，讓角色動起來。如果是〈愚者〉，感覺應該會四處遊蕩，到處交朋友。而且即使在說完某人壞話的下一秒就遇到對方，似乎也能若無其事地跟對方打招呼，展現出擅於迎合他人的一面。

如果是〈錢幣四〉，似乎會是個無論如何都不會放開自己手中事物的貪婪之人，不過他的模樣看起來也會有點滑稽。您或許認為這只是遊戲，但像這樣的想像力，正是塔羅牌占卜的基礎。

嗨，你好嗎？
有沒有什麼有趣的事啊？

愚者

我絕對不會把自己構築起來的一切交給別人！

錢幣四

請試著當成故事想像看看

我也推薦您同時比較幾張牌，賦予關聯性並加以想像。比如說身材福態的〈女皇〉肯定喜歡甜點，這就是將關鍵字「喜悅」與「豐饒」與人物連結；相對地，〈女祭司〉似乎會過著規律而嚴以律己的節儉生活，這則是從「廉潔」與「純潔」的意義發展出來的想像。如果找這兩人商量煩惱的話，她們會給您怎樣的建議呢？請試著自由想像看看。

〈女皇〉、〈力量〉

無論發生任何事都能游刃有餘地端坐，不會動搖，受到喜愛的角色〈女皇〉；以絕妙的力道拿捏與愛的力量馴服凶猛獅子的〈力量〉的女性。如果這兩人處在同一個職場，會談些什麼呢？主導權又會掌握在誰手上？請想像看看。

女皇

力量

〈吊人〉、〈權杖十〉

請像在看紙戲劇般，試著將兩張牌視為一個故事。

〈吊人〉被吊起來的樹，搞不好是〈權杖十〉搬過來的，這麼一來，〈權杖十〉會顯得疲憊就不是因為體力勞動，而是因為良心上感到疼痛也說不定。

吊人

權杖十

8

大阿爾克那的意義太抽象，難以搭配問題應用

⬇

大阿爾克那的名稱是最大的提示

有的人會認為「即使看著牌面，也浮現不出詞彙」，不過，如果是大阿爾克那牌，您是否有發現提示就近在眼前呢？

那就是塔羅牌的名稱。〈魔術師〉、〈教皇〉、〈惡魔〉等，每一張牌所被賦予的名稱就是各自的牌義。由於只要一看就能明白，也不需要去記。

如果您提出問題後抽到大阿爾克那的牌，就請試著當作「占卜主題＝大阿爾克那的名稱」。

占卜主題如果是「意中人的心情」，抽出的牌是〈太陽〉時，就表示「意中人的心情是太陽」。然後再從這點，因應問題拓展具體的意象吧。

並不是特地死記，而是加以理解後，以自己的方式來表現。在創意上費盡心思，正是解析塔羅牌的關鍵。

請試著拓展屬於自己的意象

比如說，即使說「意中人的心情是太陽」，您或許還是搞不懂究竟在表達什麼。請將「太陽」一詞打碎，試著沿著主題來拓展意象。開朗、毫無陰霾、開闊感……如果浮現這樣的想像，就可以解釋成「意中人的心情開朗、毫無陰霾而開闊」。再搭配赤裸孩童的圖案，聯想到暑假的話，就能解釋成「心情如同放暑假的孩童般興奮」或「開心」。重要的是擁有怎樣的形象，以及用何種詞彙來表現。

請試著以各種牌來想像

一開始，只是粗略地想著「占卜主題＝大阿爾克那的名稱」也無妨。「戀愛＝〈隱士〉」、「工作＝〈吊人〉」等，這樣搭配起來後，會浮現何種詞彙或景象呢？ 如果「戀愛＝〈隱士〉」，或許表示無法告訴任何人的暗戀之情；「工作＝〈吊人〉」的話，或許是因為忙碌而動彈不得。

只要當成猜謎般反覆思考，就能更容易啟動您的靈感迴路。

解釋範例

◆ 戀愛＝〈隱士〉
　　➡ 見不得光的戀情
　　➡ 隱藏在心裡的暗戀之情
　　➡ 年紀差距甚大的戀情

◆ 工作＝〈吊人〉
　　➡ 忍受著痛苦
　　➡ 獨自默默地工作
　　➡ 在逆境中掌握了什麼

請試著配合問題內容

解釋範例

◆「對方是怎樣的人物？」（形象）＝魔術師
　　➡ 戀愛魔術師
　　➡ 靈巧地談著戀愛
　　➡ 花花公子

◆「該怎麼做才能讓這段戀情順利？」
　（建言）＝魔術師
　　➡ 施以戀愛魔法
　　➡ 隨心所欲地操控對方

一旦習慣後，就能試著將占卜主題套用到具體的問題內容裡看看。在確實搞清楚自己想詢問的是「對方的心情」、「未來發展」還是「建言」後，再將問題搭配大阿爾克那的名稱。

如果在占卜戀愛問題時出現了〈魔術師〉，根據您拋出的問題是對方的個性還是建言，所得到的答案也會有所不同。

--- POINT ---

試著製作專屬於自己的關鍵字集如何？

在一定程度熟練了塔羅牌後，開始感覺到「最近變無聊了」、「開始說不準了」、「解讀方式變得千篇一律」的人，搞不好是養成了只以一開始記住的關鍵字來解讀的習慣。愈是這樣的人，愈應該製作「塔羅牌關鍵字集」，以幫助自己刷新詞彙與意象。愈是持續下去，您能從一張牌中引出的詞彙就會變得愈發豐富。

單看圖案
能找到解讀的線索嗎？
⬇
注意顏色、人物、花色

如果想掌握塔羅牌大致上的意義，請從牌面圖案上最大限度地獲取提示。

第一個重要的線索是顏色。明亮的牌面多帶有積極正向的意義，灰暗的牌面則多表示負面消極的狀況。一旦展開牌陣，確認整體色調後，或許就能看出當下的心理狀態。

另一個線索是牌面繪製的人物模樣。不僅是表情，臉部面對的方向也很重要。根據將自己投射到哪個人物上，解釋也會有所改變。

而在使用小阿爾克那牌時，四種花色──權杖、錢幣、寶劍、聖杯的配置或使用方式也能成為提示。只要連這部分都徹底意識到，並養成習慣，就能成為解讀時的契機，而作出更清晰的解釋。

請確認顏色的印象

紅色
是血液的顏色，象徵著生命。意謂著對事物是否抱持熱情、愛情、積極性、男性特質。使用於〈皇帝〉、〈教皇〉、〈力量〉等有權力或力量的人物服裝上。

藍色
是天空和海洋的顏色，代表著冷靜、智慧與自省。被視為聖母瑪利亞的代表色，也象徵著純潔。多使用於〈女祭司〉或寶劍、聖杯牌上。

黃色
作為太陽顏色的黃色，被視為帶來開花結果或成長的顏色。也與黃金連結，除了錢幣牌多繪製為黃色外，權杖上的宮廷牌也穿著黃色服裝。

褐色
褐色為大地的顏色，代表著穩定感與豐饒。除了權杖本身繪製為褐色外，也使用於〈皇帝〉或權杖牌背景的遼闊大地上。

綠色
綠色作為植物的顏色，代表著年輕與希望。除了〈權杖七〉或〈錢幣侍者〉身穿綠色衣服，〈星星〉、〈月亮〉等牌的大地上也充滿了蓊鬱綠意。

灰色
代表宇宙神祕的顏色。〈隱士〉身披的長袍給人深刻印象，但也使用於〈正義〉或〈高塔〉的石造物品上。而在〈審判〉中復甦的人們也是灰色的。

黑色
作為黑暗顏色的黑色，暗示著惡魔、本能等內心的祕密。同時也象徵了事物的終結。除了〈死神〉、〈惡魔〉、〈高塔〉外，也多使用於寶劍牌的背景裡。

白色
象徵光明的顏色，象徵純真無邪與神聖性。同時也代表女性特質，除了〈女皇〉、〈力量〉、〈節制〉外，在小阿爾克那的每張數字一的神之手也是繪製成白色的。

請注意人物面對的方向

戰車

愚者

聖杯八

人物朝向正面

當牌面上的人物朝向正面時，提問者大多會試圖確實面對所占卜的問題。或許可以解讀為毫不猶豫，已經下定決心的狀態，此外，也會表現出該人物的氣勢之強。而另一種解讀方式，也可能表示只專注於眼前的事情，而沒有意識到其他可能性。

人物朝向側面

當人物背對或是朝向側面的情況，通常表現出提問者並未試圖好好面對問題的態度。或許也可以解讀為不想正視問題、裝作沒有看見或是有遺漏之處。而在占卜對方對自己的想法時，也可以解釋成對方並沒有留意到自己。

人物朝向後方

當人物以背影示人的情況，可以看出提問者沒有看見重要的事物，或是試圖逃避問題。話雖如此，並不全然是壞事。根據提問內容而定，也可以解釋成正要朝下一階段邁進、改變人生的時機到來、不要回首過往等意思。

--- **POINT** ---

也請注意牌陣上的視線方向

繪製在牌面上的人物臉部面對的方向出乎意料地重要。在展開牌陣時，可能會發現牌面上人物的視線就朝向代表問題的牌。在占卜契合度時，甚至會簡單易懂地出現互相仇視的兩人背對彼此的牌；而兩情相悅時，兩者的視線則會交會等。請將這部分也視為重要的靈感。

寶劍七

聖杯王后

請注意花色

權杖三

寶劍二

聖杯五

花色配置垂直

如果小阿爾克那的花色配置得整然有序，表示該花色代表的意義會以直接的方式傳達；也可以解釋成貫徹該花色所顯示的信念（權杖為熱情、錢幣為物質、寶劍為思考、聖杯為愛情）。以〈權杖三〉的情況，可解讀為已經確定了熱情的去向。

花色配置傾斜

當花色傾斜的情況，表示該花色代表的意義將會以曲解的方式傳達，或者正處於迷惘的狀態。以〈寶劍二〉的情況，可以解讀為在兩種相反的想法之間猶豫不決。不過，也有像〈權杖八〉這樣，即使是傾斜狀態，卻互相平行地在空中向前衝的權杖，仍代表「氣勢」或「筆直前進」之意的情況。

花色配置紊亂

當複數花色交錯或配置紊亂的情況，則似乎暗示著該花色代表的意義混亂或狀況不穩定。以〈聖杯五〉的情況，三個聖杯雖然隨意傾倒著，但仍擁有兩個直立擺放的聖杯，這經常會是解讀時的重要提示。

POINT

也請確認錢幣與聖杯的使用方式

不同於權杖或寶劍等棒狀物品，錢幣或聖杯難以表現方向性，但仍請注意該物在牌中的使用方式。由於圓代表永恆，因此被排列成環狀的聖杯大多暗示著永久的幸福；而錢幣有時會被人緊抓著，或是當成沙包扔著玩，有著各式各樣的使用方式，因此可作為解讀的提示。

錢幣四

聖杯十

請注意人數

權杖八

正義

錢幣六

沒有人物

牌面上沒有繪製人物，換言之是無人牌的塔羅牌並不多，比如說〈月亮〉、〈命運之輪〉或〈權杖八〉。這些牌或許多是暗示運氣、狀況等環境上的變化，不過也有描繪了愛心的〈寶劍三〉，代表著人心的情況。

描繪一名人物

當牌面上的人物只有一人的情況，基本上多會解讀為對應占卜的當事人。以〈正義〉的情況，可以解讀為「現在正在權衡著什麼，並試圖從中選擇」。憑直覺解讀牌面究竟是表現那個人實際身處的狀況還是心理狀態很重要。

描繪兩名以上的人物

當牌面上繪製了兩名以上的人物時，重點在於將自己帶入哪個人進行解讀。以〈錢幣六〉的情況，根據將自己帶入施捨金錢的那一方，還是接受施捨的那一方，意義將會大為不同。這時候請順從自己的直覺。

POINT

有時也會被投射在動物而非人物身上

繪製在牌面上的不只有人物，有時候，動物在解讀時也會有著重要的意義。如果抽出的是〈力量〉，您所對應的也有可能不是女性，而是獅子那一方；此外，〈錢幣九〉的女性也可視為擅於隨心所欲地操縱著猛禽的馴鷹師，因此或許也有人會將自己投射在老鷹上。

力量

錢幣九

每張宮廷牌
看起來都長得一樣

試著想像人物特質

在小阿爾克那中，宮廷牌是直接呈現人物形象的牌。由於沒有具體的場景，或許會覺得比較難與其他牌做比較來掌握牌義，或難以區分。這時候，請試著仔細看看圖案。

其實每款宮廷牌都會各自身穿象徵該花色（權杖、錢幣、寶劍、聖杯）的相同花紋服裝，或是背景相似。此外，即使同樣是〈騎士〉，騎乘的馬匹顏色或動作也會因花色而異。只要向這樣找出共通處與差異，就能更容易掌握每張牌的牌義。

也很建議將其視為實際的「人物」來拓展意象。「四名騎士中，我最喜歡哪個人？」、「四名國王當中，我最希望由誰來當我的上司？」──請試想看看，單是如此，應該就能更容易掌握涵義。

請了解宮廷牌的階級

宮廷牌可分為四個階級，分別是初出茅廬的〈侍者〉、基於信念採取行動的〈騎士〉、表現愛情的〈王后〉，以及立於該花色頂點的〈國王〉。可以試著將四種花色想像成不同的家庭。

國王

（看起來）比當事人年長的人、男性特質、主動且可靠的人。

王后

（看起來）比當事人年長的人、女性特質、被動而充滿愛情的人。

騎士

（看起來）與當事人年紀相當的人、精力充沛且具行動力的人。

侍者

（看起來）比當事人年輕的人，中性且純粹、給人天真無邪印象的人。

請比較四名侍者

附羽毛的帽子
比自己高大的權杖
沙羅曼達花紋的服裝
沙漠

PAGE of WANDS.

權杖侍者

內心懷有熱情，不忘少年情懷的人，是以夢想與希望作為燃料行動的類型。對這個人來說，無論是怎樣的嘲笑奚落，都不會因此令他失去熱情。是個即使全世界的人都不相信自己，也會以熱情與毅力創造奇蹟的人物。

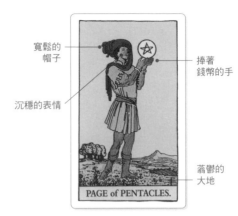

寬鬆的帽子
捧著錢幣的手
沉穩的表情
蕭鬱的大地

PAGE of PENTACLES.

錢幣侍者

認真而專心致志，勤勉學習的人。明白投資時間以及努力的價值。這個人絕對不會接近危橋，而會選擇最為安全可靠的路線。是個謹慎而踏實的人物。

謹慎而嚴肅的表情
被風吹動的頭髮
緊緊握住的劍
高聳的雲

PAGE of SWORDS.

寶劍侍者

冷靜而聰明的現實主義者。總是仔細觀察自己周遭，留心所有情況，以便在發生任何狀況時都能隨時應對。由於心思縝密而沒有破綻，要是與這個人為敵或許會很棘手。有著略顯神經質的一面。

從杯中探出頭的魚
面帶笑容的殷勤表情
蓮花花紋的服裝
海面平穩的大海

PAGE of CUPS.

聖杯侍者

純真而擁有溫柔內心的點子王。是擅長從平凡無奇之處發現提示，並使其派上用場的人物。雖然稍微有些愛作夢的傾向，卻也擁有其他人沒有的心思，令世界變得更多彩多姿的力量。

請比較四名騎士

如舉著火把般高舉的權杖

令人聯想到火焰的頭盔裝飾

躍動的褐色馬匹

沙羅曼達花紋的服裝

KNIGHT of WANDS.

權杖騎士

充滿自信的冒險家，會率領訴說夢想的夥伴前往開疆拓土。即使面對贏不了的戰鬥也會憑著氣勢挑戰，屬於不顧一切地往前衝，聽不進周遭建議的類型。總是企圖站在最前線活躍，是相當引人注目的人物。

健壯的體魄

確實捧在手中的錢幣

具穩定感的黑馬

耕耘得很好的田地

KNIGHT of PENTACLES.

錢幣騎士

踏實穩健的組織策士。這個人在動手做些什麼之前，總會謹慎地斟酌實現的可能性，絕不挑戰贏不了的戰鬥。相對地，具備一旦著手就會貫徹到底的責任感，因此十分可靠。

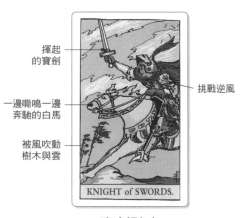

揮起的寶劍

挑戰逆風

一邊嘶鳴一邊奔馳的白馬

被風吹動樹木與雲

KNIGHT of SWORDS.

寶劍騎士

聰明且果斷的理性主義者。這個人知曉抵達目的地的最短路線，而且無論那是怎樣險峻的道路，都會勇敢地殺進去，很有膽量。比起團體行動，更喜歡單獨行動，也有著自戀的一面。

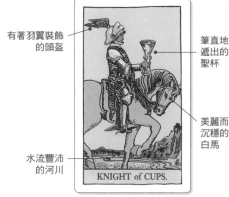

有著羽翼裝飾的頭盔

筆直地遞出的聖杯

美麗而沉穩的白馬

水流豐沛的河川

KNIGHT of CUPS.

聖杯騎士

溫柔誠實而可靠，可說是白馬王子。羽翼裝飾意謂著憧憬，這個人表現出面對夢想與希望，誠摯地著手的態度。即使說出肉麻的臺詞，也並非恭維，而是發自內心的。

請比較四名王后

沙羅曼達花紋
的王座

豐富地生長
茂密的花草

令人聯想到
太陽（火）
的向日葵

長頭紗

豪爽地
張開的雙腿

疼愛地
摟著的錢幣

坐在腳邊
的黑貓

象徵
豐饒的
兔子

QUEEN of WANDS.

QUEEN of PENTACLES.

權杖王后

吸引眾人的大談判家。性格開朗，藉由敞開自己的心胸，令對方也同樣敞開心房。這個人的「請求」具有魔法般的強制力，無人能夠抗拒。

錢幣王后

是個藉由付出而獲得眾多事物的人。如同要培育莊稼必須先澆水一般，會藉由助人來引發奇蹟。這個人的力量會令周遭眾人團結一心，並在歷經努力後成功獲得豐收。

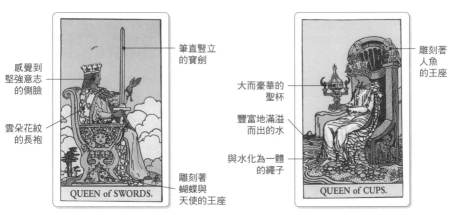

筆直豎立
的寶劍

雕刻著
人魚
的王座

感覺到
堅強意志
的側臉

大而豪華的
聖杯

雲朵花紋
的長袍

豐富地滿溢
而出的水

與水化為一體
的繩子

雕刻著
蝴蝶與
天使的王座

QUEEN of SWORDS.

QUEEN of CUPS.

寶劍王后

擁有能看穿事物要害的雙眼，是顧問般的存在。由於這個人說的話一針見血，因此令周遭眾人甘拜下風。具有理解他人心情的聰穎與優秀的感受性，這也成為她容易受傷的一面展現出來。

聖杯王后

感受性豐富，能接納各種事物的人。這個人的行動原則是慈愛，有人悲傷就會一同哭泣，有人開心就會一同歡笑。不會審判他人，而是愛著人們真實的模樣。

請比較四名國王

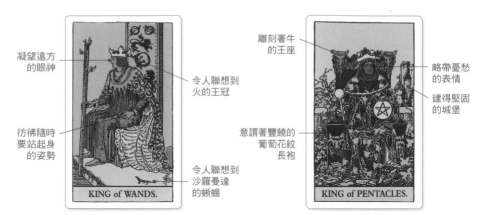

凝望遠方的眼神

令人聯想到火的王冠

彷彿隨時要站起身的姿勢

令人聯想到沙羅曼達的蜥蜴

KING of WANDS.

雕刻著牛的王座

略帶憂愁的表情

建得堅固的城堡

意謂著豐饒的葡萄花紋長袍

KING of PENTACLES.

權杖國王

具備強烈領袖魅力與行動力的天生王者。身心都很強韌，擁有能夠推翻任何逆境的力量。只要這個人說「沒問題」，那麼無論處在多麼絕望的狀況下，都能看見希望。可說是具備了可靠的領袖特質。

錢幣國王

藉由努力獲得了知識、人脈、財富等所有財產的人。符合國王陛下的氣度，毫不吝惜地將所有物提供給周遭眾人。可說是無名英雄的類型，應該會以地下領袖的身分支撐著團體。

略顯神經質的表情

平靜的天空與飛翔的鳥兒

正面對峙的姿勢

令人感覺到意志般緊握的拳頭

KING of SWORDS.

魚形項鍊

游刃有餘而沉穩的表情

躍起的魚

浮在海上的王座

KING of CUPS.

寶劍國王

以累積至今的知識與經驗為武器，作出完美判決的人物。嚴以律己也嚴以待人的類型，不允許任何天真。是具有智慧的聰明國王，不過也有著試圖靠道理走遍天下的氣質。

聖杯國王

在溫柔之中懷抱明確熱情的人。由於這個人飽受人生中的風霜，因此具有寬恕任何事物的深厚胸襟。也可以說是對俗世不感興趣，不過追求夢想的熱情依然存在。

對人際關係中的許多事情感到在意，能否簡單地占卜？

可以只用16張宮廷牌占卜

　　由於宮廷牌呈現出人物形象，因此能簡明易懂地占卜「人與人之間」的關係。請用權杖、錢幣、寶劍、聖杯各自的宮廷牌（侍者、騎士、王后、國王）共16張牌來占卜契合度吧。

　　方法非常簡單，只要設定好「自己與對方」、「A與B」等兩個人，並各抽一張牌排好即可。各組合之間的契合度會從

第98頁起解說。由於是能夠簡單好懂地呈現兩個人物的牌，因此也很容易解讀之間的契合度。

　　這個方法不限於占卜戀愛對象，也非常適合用來解讀朋友、同事等，不限性別各式各樣的人物之間的關係如何。

　　只要好好練習，或許與任何人之間的關係都能靠16張牌解讀出來。

使用宮廷牌占卜契合度的作法

不要被塔羅牌本身的牌義束縛，請試著從兩張並排的牌面自由拓展意象。不僅要分別確認兩張牌，也請將兩張排牌視為一個組合，來確認乍看之下的印象。

假如得到彼此面向不同側的狀態，或許表示兩人之間有些合不來；而如果得出相互凝望的牌，或許代表兩人都對彼此懷著熱烈的想法。請試著發揮想像力，想想當兩名角色相遇時，可能會展開怎樣的戲劇。

兩人熱切地凝視著彼此……

自己　　　　對方

可能難以互相理解。

A　　　　　B

宮廷牌組合契合度

請試著以抽出塔羅牌的組合方式，來解開兩人之間的關係。
也請務必參考如何讓關係更融洽的建言。

權杖侍者 ○
×權杖騎士

熱情洋溢、幹勁十足的兩人，雖然也懷著競爭心態互相比賽，但兩人之間的氛圍就像手足一般。如果〈權杖騎士〉會引導〈權杖侍者〉，就會是順利的關係。

權杖侍者
×權杖王后

關係宛如姊弟的兩人。雖然互有好感，但嚴厲指責對方就會引發災難。如果〈權杖侍者〉表現出尊敬〈權杖王后〉的態度，應該就能保持和睦。

權杖侍者
×權杖國王

師徒般的兩人，關係好壞要取決於〈權杖國王〉的胸襟。只要構築起〈權杖國王〉明白〈權杖侍者〉仰慕自己的心情，並溫柔地關照對方的關係，應該就能友好相處。

權杖侍者 ○
×錢幣侍者

儘管類型相異，卻不可思議地十分合得來的兩人。由於構築起等的關係，因此會相處得十分自在。不過由於關係對等，一旦起了衝突就會很難修復，需要鼓起勇氣坦率地道歉。

權杖侍者
×錢幣騎士

浪漫主義者與踏實之人的關係。當〈權杖侍者〉想嘗試看看時，〈錢幣騎士〉就會點出嚴峻的現實。想保持良好的關係，就需要互相妥協。

權杖侍者
×錢幣王后

希望被理會與擅於逗弄對方的人之間的關係。〈錢幣王后〉溫柔地照顧著〈權杖侍者〉。只要由〈錢幣王后〉負責決定方向並加以引導，就能建立起具建設性的關係。

權杖侍者
×錢幣國王

由於兩人的精神年齡與經驗值有所差異，不會理會彼此。如果〈錢幣國王〉願意表達善意、〈權杖侍者〉能夠正經地相處，或許能建立起關係。

權杖侍者 ○
×寶劍侍者

不怕生的〈權杖侍者〉與小心謹慎的〈寶劍侍者〉，可說是互補搭檔。兩者分別是傾訴者與傾聽者這樣簡單易懂的關係。只要不深入干涉彼此，就能友好相處。

權杖侍者 ★
×寶劍騎士

被玩弄的人對玩弄人的人。〈權杖侍者〉會當真，而〈寶劍騎士〉則是會見狀取笑的類型。只要認為這樣的對口相聲模式很有意思，應該就能和睦相處。

權杖侍者
×寶劍王后

〈寶劍王后〉會體察大膽的〈權杖侍者〉直率的心情。只要〈權杖侍者〉從撒嬌與寵溺的關係中有所成長，兩者間的關係應該會有進步。

權杖侍者 ★
×寶劍國王

看見〈權杖侍者〉在表現出興趣的同時也滿懷幹勁，〈寶劍國王〉會覺得自己受到信任。只要能保持互相尊重，應該就能友好相處。

權杖侍者
×聖杯侍者

如同少年少女般的兩人。一旦對什麼事物感興趣，〈權杖侍者〉就會想自己挑戰看看，而〈聖杯侍者〉則是有所感受就能滿足。如果能肯定彼此的差異性，關係就能維持下去。

♥ 適合戀愛上的契合度
心靈相通，戀情容易萌芽，戀情容易順利發展的關係。

✕ 容易起衝突的契合度
不知為何總是容易起爭執，使得彼此變得尷尬的關係。

★ 適合工作上的契合度
在能夠互補彼此所欠缺事物的工作場合上，是很有益的關係。

○ 適合友誼上的契合度
在私底下聊天、遊玩時能氣氛熱絡的關係。

權杖侍者 ✕聖杯騎士

追求夢想的兩人，但由於與人相處的方式不同，或許會相處得不太順利……坦率的〈權杖侍者〉與追求理想的〈聖杯騎士〉之間，努力互相理解是很重要的。

權杖侍者 ✕聖杯王后

坦率的人和接受這份坦率的人。萬一〈權杖侍者〉仗恃〈聖杯王后〉的溫柔而恣意妄為，就會出問題。請以同理心的心保持力量均衡。

權杖侍者 ✕聖杯國王

天真無邪的人與在旁關照的人，散發溫暖氛圍的兩人。只要〈權杖侍者〉能壓抑自己的任性，〈聖杯國王〉能了解一切並包容，就能構築起還過得去的關係。

權杖騎士 ✕權杖王后

兩人之間存在著可以相互挑釁，並毫不客氣地承受打擊的自己人氛圍。只要〈權杖王后〉不要對容易朝三暮四的〈權杖騎士〉嘮叨，應該就能維持良好的關係。

權杖騎士 ✕權杖國王 ★

容易溝通也很合得來。對言出必行的〈權杖國王〉訴說熱情的〈權杖騎士〉會立即採取行動。只要兩個人攜手合作，事情就能順利進展。

權杖騎士 ✕錢幣侍者

對於事物分別是懷抱憧憬與提起幹勁著手實踐者的關係。只要〈權杖騎士〉不刻意利用希望能聽從他人指示採取行動的〈錢幣侍者〉，就能維持良好的關係。

權杖騎士 ✕錢幣騎士

暴虎馮河派對現實謀略派的關係。只要〈權杖騎士〉不要對指謫他掉以輕心的〈錢幣騎士〉抱持敵意，應該能構築起還過得去的關係。

權杖騎士 ✕錢幣王后

雖然會感覺不知所措，但未必完全合不來的兩人。從充滿活力的〈權杖騎士〉獲得能量的〈錢幣王后〉，會報以親切對待的關係。確實扮演好自己的角色為佳。

權杖騎士 ✕錢幣國王

發展某事的人與有所成就者的關係。看在幹勁滿滿的〈權杖騎士〉眼裡，〈錢幣國王〉就像是個退休老人，不過只要察覺彼此的優點，或許能順利相處。

權杖騎士 ✕寶劍侍者

對謹慎的〈寶劍侍者〉而言，身為挑戰者的〈權杖騎士〉是耀眼的存在。只要〈權杖騎士〉不將〈寶劍侍者〉當作懦夫對待，就能建立起關係。

權杖騎士 ✕寶劍騎士 ★

無論是好是壞，都會意識到彼此存在的關係。〈寶劍騎士〉的智慧與〈權杖騎士〉的執行力都是長處。即使起了衝突也能和好如初，因此推心置腹地往來為佳。

權杖騎士 ✕寶劍王后 ♥

享受刺激與具理解力的人，是能夠舒適相處的關係。〈寶劍王后〉給予自信，〈權杖騎士〉會在背後推一把，可建立起不可或缺的關係。

權杖騎士 × 寶劍國王

兩者均有著相反的一面，不過契合度不差。只要〈權杖騎士〉不得意忘形，〈寶劍國王〉能夠睜一隻眼閉一隻眼守護，應該就能順利相處。

權杖騎士 × 聖杯侍者

害羞而耿直的小弟與愛逞強的大哥。由於〈聖杯侍者〉對聽到的話總是照單全收而且言聽計從，〈權杖騎士〉也就不能只是虛張聲勢了，因此容易形成微妙的關係。

權杖騎士 × 聖杯騎士

即使第一印象感覺非常討厭，也會隨著交談的過程了解對方。〈聖杯騎士〉雖然纖細，但並不是嚴重到需要〈權杖騎士〉擔心的類型。

權杖騎士 × 聖杯王后

〈聖杯王后〉能接納〈權杖騎士〉吐露的真心話。然而在真心話說過頭時，究竟該如何解釋，將決定兩人之間的關係能否修復。

權杖騎士 × 聖杯國王

匆忙的人與悠閒的人。應該會感覺到步調不合。由於會照顧人的〈聖杯國王〉似乎覺得很享受，因此只要〈權杖騎士〉不覺得無聊，或許就還能相處。

權杖王后 × 權杖國王 ♥

雖然覺得順著熱情充滿活力地行動的〈權杖國王〉獨斷獨行，但仍然很尊敬他的〈權杖王后〉兩人。只要〈權杖國王〉會顧慮對方，就會是最棒的關係。

權杖王后 × 錢幣侍者

〈權杖王后〉這般閃亮耀眼的存在，令〈錢幣侍者〉在各方面都感到畏縮。為了避免因此形成鴻溝，由〈權杖王后〉主動接近為佳。

權杖王后 × 錢幣騎士

腳踏實地地前進的〈錢幣騎士〉與追求樂趣的〈權杖王后〉，兩者之間的不一致感十分明顯。只要朝著同一個目標前進，或許能構築起合作模式。

權杖王后 × 錢幣王后

雖然「為了對方」的想法相同，但風格卻迥異的兩人。如果〈權杖王后〉能以開朗個性讓〈錢幣王后〉高興就會很好。

權杖王后 × 錢幣國王

具備氣量的〈錢幣國王〉，與擁有魅力的高雅〈權杖王后〉。雖然是很棒的兩人，不過一旦〈錢幣國王〉的獨占欲發作，關係就會產生裂痕。

權杖王后 × 寶劍侍者 ○

對於在意對方想法的〈寶劍侍者〉來說，待人坦率的〈權杖王后〉是個相處起來很舒服的對象；而對〈權杖王后〉來說，對方則是能消愁解悶的存在。

權杖王后 × 寶劍騎士 ♥

互相給予彼此想要事物的關係。〈寶劍騎士〉想說許許多多的話，而〈權杖王后〉會給予最棒的反應。能讓彼此都感到愉快地相處。

權杖王后 × 寶劍王后

雖是能坦率相處的契合度，不過如果硬是逼迫〈寶劍王后〉，可能會令她試圖疏遠對方。這可能會令凡事都表現在言行舉止上的〈權杖王后〉感到有些不足。

權杖王后 × 寶劍國王 ♥

〈寶劍國王〉能從奔放的〈權杖王后〉身上感覺到新鮮感。應該能構築起良好的關係。不過隨著相處時間一長，可能會感覺到差異性時，能否互相讓步是關鍵。

權杖王后 × 聖杯侍者

充滿自信幹練氣質的〈權杖王后〉，與個性雖怯懦仍努力追求理想的〈聖杯侍者〉。只要仰慕大姊姊的〈聖杯侍者〉展現自身努力，或許能夠相處順利。

權杖王后
×聖杯騎士

兩人基本上很搭，不過〈聖杯騎士〉會有些跟不上〈權杖王后〉熱情的傾向。斟酌權衡自己究竟要為彼此付出到什麼程度是關鍵。

權杖王后
×聖杯王后

雖然能夠互相理解，但由於類型差異太大，可能很難互相妥協。態度強硬的〈權杖王后〉甚至可能會在不知不覺間傷害〈聖杯王后〉。

權杖王后
×聖杯國王

女王陛下對紳士的關係。不過或許會因為紳士般的應對，而令女王陛下的態度愈發高傲，並且引發問題。如果〈聖杯國王〉在客套性讚美〈權杖王后〉的同時，能拿捏分寸，應該就能順利度過。

權杖國王
×錢幣侍者

似乎能成為主從關係的契合度。只要以〈錢幣侍者〉在實際利益面上支持〈權杖國王〉的模式為目標，似乎就能合作無間。

權杖國王
×錢幣騎士

凡事都要貫徹到底的〈錢幣騎士〉，與貫徹信念的〈權杖國王〉。只要目標相同，就會努力到最後一刻，絕不偷工減料，是令人放心的關係。不過如果彼此敵對，或許會很難對付。

權杖國王
×錢幣王后

雖然認為彼此是值得引以為傲的存在，但勇敢的〈權杖國王〉會令〈錢幣王后〉感到不安，而使關係降溫。課題在於理解差異性並互相幫助。

權杖國王
×錢幣國王

熱情的〈權杖國王〉與沉穩的〈錢幣國王〉。看似很合得來，但〈權杖國王〉的性急會成為引發麻煩的原因。因此需要以成熟的態度相處。

權杖國王
×寶劍侍者

懂得察言觀色的〈寶劍侍者〉，與總會將想法淺顯易懂地表現在臉上的〈權杖國王〉，是相當平衡的兩人。如果是有從屬關係的情況，應該會自然而然地順利相處。

權杖國王
×寶劍騎士

能互相認同並彼此妥協，構築起合作體制。〈權杖國王〉會針對〈寶劍騎士〉正因為深思熟慮才會產生的迷惘，加以破除並指示道路。

權杖國王
×寶劍王后

熱血男兒與冷靜沉著的人這樣的互補關係。只要〈寶劍王后〉冷靜的話語能帶給〈權杖國王〉自信，兩人就能相處順利。但如果互相否定，關係就會無法修復。

權杖國王
×寶劍國王

熱情的〈權杖國王〉與冷靜分析的〈寶劍國王〉。接觸事物的態度雖然不同，卻是能互相理解的關係。若能笑著對彼此說「真符合你的個性」，就能關係良好。

權杖國王
×聖杯侍者

〈權杖國王〉會希望一切都照著自己的想法，而〈聖杯侍者〉會照對方的話採取行動。關鍵在於〈權杖國王〉能否確實慰勞〈聖杯侍者〉。

權杖國王
×聖杯騎士

〈權杖國王〉雖然能回應〈聖杯騎士〉的意向，但一旦要展開行動時，反而多是〈聖杯騎士〉躊躇不前。體察彼此的真正想法，是避免期待落空的祕訣。

權杖國王
×聖杯王后

不僅是外在，就連內在也很難找到共通處的兩人。如果〈權杖國王〉不設法處理自己單方面指責人的魯莽態度，〈聖杯王后〉或許無法忍受。

權杖國王
×聖杯國王

由於感性有異，因此無法認同全部的想法，不過雙方都對彼此感到欽佩並尊重。只要〈聖杯國王〉懂得應付唯我獨尊的〈權杖國王〉，兩者之間就有可能性。

錢幣侍者
　×錢幣騎士

認真而貫徹意志的兩人。只要〈錢幣騎士〉能好好教導崇拜著自己的〈錢幣侍者〉，應該就能構築起師徒般的關係。

錢幣侍者
　×錢幣王后

什麼都想要的〈錢幣侍者〉，與什麼都想給予的〈錢幣王后〉，是需求與供給的組合。只要不忘記回報，應該就不會有問題。

錢幣侍者
　×錢幣國王

責任感強的〈錢幣國王〉與態度輕鬆的〈錢幣侍者〉，也有羨慕彼此的地方。只要〈錢幣國王〉游刃有餘地接觸，關係就能持久。

錢幣侍者
　×寶劍侍者

在意外界狀況的〈寶劍侍者〉，與只熱衷於自己的事情上的〈錢幣侍者〉，應該會質疑對彼此。請明白兩者的觀點不同，並了解「自己是自己」。

錢幣侍者
　×寶劍騎士

任性地採取行動的〈寶劍騎士〉，與對周遭的顧慮不足的〈錢幣侍者〉，這是他們對彼此的印象。由於兩者相似，如果感到不舒服的話就保持距離。

錢幣侍者
　×寶劍王后

循序漸進的人，與突然作出結論之人的關係。兩人之間的契合度將取決於〈錢幣侍者〉能否正面理解〈寶劍王后〉說的話語。

錢幣侍者
　×寶劍國王

會全力努力於眼前的事情上〈錢幣侍者〉，與會放眼整體後作判斷的〈寶劍國王〉。重要的是，即使會感到焦急不耐，也要視情況認同對方是正確的。

錢幣侍者　　　○
　×聖杯侍者

即使不刻意交談，兩人也不知為何能想法相通。〈錢幣侍者〉的耿直與〈聖杯侍者〉的體貼，看似相異但其實相似。

錢幣侍者　　　★
　×聖杯騎士

能令人心情沉穩的關係，但抽象的〈聖杯騎士〉與現實的〈錢幣侍者〉。只要能將彼此視為以不同觀點思考事情的人就 OK 了。

錢幣侍者　　　♥
　×聖杯王后

〈聖杯王后〉關照不夠周到的〈錢幣侍者〉，並總是正視他，〈錢幣侍者〉則希望有所回應。只要不失去對彼此的誠意，就能維持穩固的關係。

錢幣侍者　　　★
　×聖杯國王

學習者與指導者的關係。〈聖杯國王〉向純真且個性坦率好懂的〈錢幣侍者〉指引道路，只要能確立這樣的關係，似乎就能長久往來。

錢幣騎士　　　♥
　×錢幣王后

〈錢幣王后〉能放心地將希望寄託在具有執行力而可靠的〈錢幣騎士〉身上，並提供所需的事物。由於重視現實上的羈絆，因此應該不會有問題。

錢幣騎士
　×錢幣國王

技術純熟的長者〈錢幣國王〉與還在修行的年輕人〈錢幣騎士〉。立場雖然不同，但感性相似，因此會對彼此抱持好感。只要互相合作，應該能構築起良好的關係。

錢幣騎士
　×寶劍侍者

在意周遭而戰戰兢兢的〈寶劍侍者〉，與自我中心地行動的〈錢幣騎士〉。對彼此都抱持著「為什麼會這樣？」疑惑的關係。請視為彼此的特色，別太在意。

錢幣騎士
　×寶劍騎士

兩人都會專注於眼前的事物，不過〈寶劍騎士〉是會將周遭捲入、〈錢幣騎士〉則是會專心一意地投入工作的類型。由於類型不同，或許也很難有交集。

錢幣騎士 × 寶劍王后

以感性判斷本質的〈寶劍王后〉，與透過經驗加深理解的〈錢幣騎士〉。由於兩人都是如果不能接受就無法繼續下去的類型，因此需要明確地溝通。

錢幣騎士 × 寶劍國王

穩健踏實地朝著目標前進的〈錢幣騎士〉，與態度冷淡的〈寶劍國王〉。只要〈錢幣騎士〉不完全展露野心，兩人應該還有可能構築起關係。

錢幣騎士 × 聖杯侍者

〈聖杯侍者〉看著現實地採取行動的〈錢幣騎士〉，對他抱持憧憬。只要構築起學長學弟或兄弟般的關係，就會是具發展性的關係。

錢幣騎士 × 聖杯騎士

追尋理想的〈聖杯騎士〉與正視現實的〈錢幣騎士〉，不過也有互相理解的地方。不需要總是黏在一起，只要回應需要一同採取行動，應該就能順利相處。

錢幣騎士 × 聖杯王后

〈錢幣騎士〉言行舉止具體，是令〈聖杯王后〉有安全感的關係。〈聖杯王后〉如何提供支援，是讓關係圓滿的關鍵。

錢幣騎士 × 聖杯國王

〈錢幣騎士〉小心翼翼地避免誤入歧途，而〈聖杯國王〉則會加以評價稱讚。能夠理解彼此行動的意圖，似乎能認為彼此都是「能幹之人」。

錢幣王后 × 錢幣國王

能從幫助他人中感到喜悅的兩人。只要有〈錢幣國王〉的深厚胸襟與實力，加上〈錢幣王后〉的寬容，大多數的目標都能實現。只要相互扶持，就所向無敵。

錢幣王后 × 寶劍侍者

和平主義且保守的〈錢幣王后〉，與小心謹慎地挑選對象的〈寶劍侍者〉。由於兩人同樣採取守勢的態度相似，只要有志一同，就能得出在一起的意義。

錢幣王后 × 寶劍騎士

選擇安全道路的〈錢幣王后〉，與勇敢開疆闢土的〈寶劍騎士〉。雖然兩人脾氣不合，但只要能互相讓步並交換意見，應該能引導出彼此的能力。

錢幣王后 × 寶劍王后

受物質面束縛的〈錢幣王后〉，與重視精神面的〈寶劍王后〉。雖然是水火不容的兩人，不過只要足夠成熟，應該就能互相理解。請以成熟態度相處。

錢幣王后 × 寶劍國王

尋求確實面對彼此的關係的〈錢幣王后〉，與想要保持一定距離感的〈寶劍國王〉。第一步是努力去理解彼此願望間的差異。

錢幣王后 × 聖杯侍者

只要〈聖杯侍者〉能坦率地投入〈錢幣王后〉的溫柔中，那就會十分完美。〈錢幣王后〉追求的是能讓他接納的對象。

錢幣王后 × 聖杯騎士

能互相接納的兩人。擅於傾訴的〈聖杯騎士〉與擅於傾聽者〈錢幣王后〉，自己的角色應該都讓彼此感到舒適。關鍵在於建立穩定的關係。

錢幣王后 × 聖杯王后

感覺契合的兩人。〈錢幣王后〉會接納對方，而〈聖杯王后〉會盡全力陪伴對方。由於喜好相似，也可能會成為競爭對手。

錢幣王后 × 聖杯國王

〈錢幣王后〉真心誠意地希望能夠回應〈聖杯國王〉那不求回報的溫柔。只要在一起，應該就能感到內心平靜且變得坦率。請建立起能卸下武裝的關係。

錢幣國王 ×寶劍侍者

無論對誰都會伸出援手的〈錢幣國王〉，與想要看清對方的〈寶劍侍者〉。〈寶劍侍者〉能否信任對方，是令關係成立的關鍵。

錢幣國王 ×寶劍騎士

耿直的〈錢幣國王〉與手腕高明的〈寶劍騎士〉。儘管會對彼此的作法有些疑問，但只要明白對方是擅長自己不擅長之處的對象，關係就會有所變化。

錢幣國王 ×寶劍王后

接納一切的〈錢幣國王〉，與貫徹自我的〈寶劍王后〉。雖是只要溝通就能互相理解的契合度，但追求的事物不同似乎會成為瓶頸。保持距離才是正確答案。

錢幣國王 ×寶劍國王

在與人往來之際，重視溫柔的〈錢幣國王〉，與期望著輕鬆平淡關係的〈寶劍國王〉。只要能認同彼此的作法，就會是一對好搭檔。

錢幣國王 ×聖杯侍者 ○

緊盯著現實的〈錢幣國王〉，與有些愛作夢的〈聖杯侍者〉可說是一對互補搭檔，不過應該會有互相信賴的一面。以能卸下對方肩頭重擔的目標為佳。

錢幣國王 ×聖杯騎士 ★

容易互相理解並合作的關係。〈錢幣國王〉提出具體意見，〈聖杯騎士〉則懷著勇氣引導。是只要能建構起信任關係和合作模式，關係就會良好的兩人。

錢幣國王 ×聖杯王后 ♥

〈錢幣國王〉的穩定感與〈聖杯王后〉的療癒氣質非常搭，有很穩定的契合度。即使沒有新鮮感或有趣感，只要相處愈長久，感情仍會歷久彌新。

錢幣國王 ×聖杯國王 ○

〈錢幣國王〉在物理上、〈聖杯國王〉在精神上支持對方，並共同以造福他人為目標。只要度量大的兩人能構築起互相支持的合作關係，就會是最好的。

寶劍侍者 ×寶劍騎士 ○

給人的印象是初出茅廬的新人與工作幹練的前輩。〈寶劍騎士〉雖然會否決向前輩看齊的〈寶劍侍者〉，不過只要能享受溝通過程，就會是激勵彼此的好對象。

寶劍侍者 ×寶劍王后

神經質的〈寶劍侍者〉與心思細膩的〈寶劍王后〉，兩者在深思熟慮這點上是一致的。只要〈寶劍侍者〉能克服自己的不穩定，就能關係穩固。

寶劍侍者 ×寶劍國王

面對不允許失敗的〈寶劍國王〉，〈寶劍侍者〉總是十分緊張。〈寶劍國王〉能否以游刃有餘的態度面對〈寶劍侍者〉是相處的關鍵。

寶劍侍者 ×聖杯侍者

顧慮人心的〈聖杯侍者〉與總是謹慎提防的〈寶劍侍者〉，雖然類型相異，但在在意對方這點上是共通之處。第一步是意識到這一點。

寶劍侍者 ×聖杯騎士

感覺會堅持己見的〈寶劍侍者〉與願意妥協的〈聖杯騎士〉。只要〈寶劍侍者〉能夠敞開心房，就能構築起還過得去的關係。

寶劍侍者 ×聖杯王后

〈聖杯王后〉會關心容易緊閉心房的〈寶劍侍者〉，想替他做些什麼的關係。只要保持距離感不要太過深入，應該就能好好相處。

寶劍侍者 ×聖杯國王

無法敞開心房的人，與等待對方敞開心房的人的關係。〈寶劍侍者〉無法相信他人，是因為他不夠成熟。兩者間的契合度會視〈聖杯國王〉的寬容程度而定。

寶劍騎士 ×寶劍王后 ★

理性地採取行動的〈寶劍騎士〉，與凝視著現實的〈寶劍王后〉之間毫無矛盾，是想法契合的兩人。只要不欺瞞對方，就會有良好的關係。

寶劍騎士 ×寶劍國王

兩人基本上很合得來，但〈寶劍國王〉在工作上頗自負，如果因〈寶劍騎士〉出於競爭意識的挑戰起了衝突的話，就會產生問題。重要的是冷靜面對彼此。

寶劍騎士 ×聖杯侍者

〈聖杯侍者〉是個坦率的好孩子，但也有著過於在意某些事的一面，令冷酷的〈寶劍騎士〉感覺到負擔。能否理解彼此待人接物上的差異，會是道課題。

寶劍騎士 ×聖杯騎士

雖然不算合不來，但容易流於僅止於表面的關係。〈聖杯騎士〉雖對學識淵博的〈寶劍騎士〉感興趣，但對方裝作不知情。只要不在意兩者間的差異，就有可能性存在。

寶劍騎士 ×聖杯王后

能言善道的〈寶劍騎士〉，與被他的言語玩弄於股掌中的〈聖杯王后〉。關鍵在於〈聖杯王后〉往來時，能否別對〈寶劍騎士〉的話全盤接收。

寶劍騎士 ×聖杯國王

冷酷派與重感情派的兩人。雖然只要確實溝通就能互相理解，但基本上是會擦身而過的關係。〈寶劍騎士〉能追隨態度游刃有餘的〈聖杯國王〉到何種地步，會影響是否分道揚鑣。

寶劍王后 ×寶劍國王 ♥

即使是嚴屬的〈寶劍國王〉，在深思熟慮的〈寶劍王后〉面前也會放鬆警戒。兩人對利益得失的判斷基準相似，因此只要在精神上獨立地對彼此，就會成為最佳伴侶。

寶劍王后 ×聖杯侍者

〈聖杯侍者〉想要傳達想法，而〈寶劍王后〉傾聽他的話語，作為他的定心丸。能否繼續走下去，取決於〈聖杯侍者〉能不要過度依賴地保持距離感。

寶劍王后 ×聖杯騎士 ♥

雖然對彼此出乎意料的反應感到不知所措，但仍能感覺到本質上的溫柔的兩人。只要〈聖杯騎士〉主動接近，引出〈寶劍王后〉的溫柔，關係就有希望。

寶劍王后 ×聖杯王后

能夠理解他人的兩人。感性的〈聖杯王后〉與理性的〈寶劍王后〉，只要理解立場上的差異並取得平衡，應該就能相處順利。

寶劍王后 ×聖杯國王

心胸寬大的〈聖杯國王〉與對人有同理心的〈寶劍王后〉，都能看清事物的本質。雖然要接近彼此的核心有些難度，但基礎上應該存在著相同的事物。

寶劍國王 ×聖杯侍者

典型幹練人物的〈寶劍國王〉，與優點是溫柔的〈聖杯侍者〉。只要不對彼此感到自卑，能互相認同就好，不過一旦否定彼此，關係就會 NG。

寶劍國王 ×聖杯騎士 ♥

互相刺激的兩人。〈寶劍國王〉的態度令〈聖杯騎士〉內心受到衝擊，而〈寶劍國王〉則加以鼓舞的印象。前所未有的舒適感會令人上癮。

寶劍國王 ×聖杯王后

憑藉心情或情勢發展而採取行動的〈聖杯王后〉，與客觀地判斷的〈寶劍國王〉可說是不平衡的兩人。要不就是享受這種差異，要不就是配合其中一方。

寶劍國王 ×聖杯國王 ✕

即使基本態度相同，懂得體察人心的〈聖杯國王〉與冷酷的〈寶劍國王〉仍無法相容。只要兩人之間沒有利害關係就能和睦相處，不過最好還是以成熟的態度應對，並保持距離感。

聖杯侍者 ○
×聖杯騎士

兩者關心人的程度相似，待在一起會感覺到十分舒服。只要〈聖杯侍者〉不過於意識能言善道的〈聖杯騎士〉，以真實的自己相處就 OK！

聖杯侍者 ♥
×聖杯王后

能成為彼此心靈寄託的關係。〈聖杯王后〉看起來是給予的一方，不過〈聖杯侍者〉也有接納並支持〈聖杯王后〉的一面。只要坦率交往為佳。

聖杯侍者 ★
×聖杯國王

內心深處能相連的契合度。純粹的〈聖杯侍者〉與有德的〈聖杯國王〉這樣的關係，在本質部分上是相通的。只要能互相支持就會更好。

聖杯騎士 ♥
×聖杯王后

在一起很自然的兩人。是感性上能相通，有安全感的關係。只要輕鬆愜意地傾聽〈聖杯騎士〉話語的〈聖杯王后〉展現原本的自己，就會更加圓滿。

聖杯騎士 ♥
×聖杯國王

重視他人心情的兩人，感覺雖然合得來，不過〈聖杯騎士〉為了耍帥而說大話，就會讓〈聖杯國王〉感到為難。相信彼此而不偽裝自己是很重要的。

聖杯王后 ♥
×聖杯國王

可以互相信任的關係。即使沒有交談也能感到放心的兩人。只要能構築起展現溫柔態度的〈聖杯國王〉，與身為其理解者的〈聖杯王后〉的關係，就會非常完美。

POINT

請在宮廷牌契合度占卜上採用逆位

即使是尚未習慣解牌的人，在使用宮廷牌契合度占卜時，也請務必採用逆位。這是因為牌面的正逆位可以輕易表現出兩人對於這份關係所採取的態度如何。

另一方面，如果抽出逆位的牌，也可以解讀為那個人對於與對方之間的關係不積極，或是想要逃避。如果兩者都是逆位的情況，也會帶給人彼此都無法坦率，關係十分彆扭的印象。

這種時候，可以試著想像如果逆位的牌處於正位時，該怎麼做才好。如何恢復正位的狀態，換言之就是恢復不曲解的原本模樣，應該能成為改善關係的建言。

自己　　對方

可以解讀成〈聖杯王后〉原本該展現的愛處於「即使想灌注也辦不到的狀態」。

A　　B

帶給人彼此以鋒利寶劍（智慧）互砍的印象。只要其中一方放下手中的劍，或許就能好好溝通。

自己　　上司

可以解讀成為了讓出現在自己這方的〈錢幣侍者（逆位）〉回到正位，「只要展現勤奮努力處理的態度即可」。

106

請試著與許多人占卜契合度

這個16張宮廷牌的契合度占卜，並不僅限於一對一的契合度，也可用來占卜與複數人數之間的契合度，或者誰會是團體中最關鍵的人物等，最適合用來確認力量平衡。只要出現愈地位愈高的人物，就表示存在感愈強。

也能用來確認素未謀面的人物是怎樣的人。「我明天要談一筆新生意，掌握主導權的會是對方還是自己？」試著占卜這樣的內容也不錯。這時候，四種花色的相關圖（P71）就能作為參考。火（權杖）、地（錢幣）、風（寶劍）、水（聖杯）之間的力量關係也能作為解釋的提示。此外，根據宮廷牌組合契合度（P98），將跟對方的牌契合度佳的人物作為榜樣，應該也能建立起良好關係。

Case 1	與最近在意的客戶之間的契合度如何？

自己
權杖國王

對方
聖杯國王

由於性格相異，而有些難以相容的地方，不過因為同樣是國王，似乎確實都留給對方強烈的印象。由於兩者的視線是分別朝外的，因此難以發展成戀愛氛圍，不過如果在工作上成為能放心將背後交給對方的關係，或許不錯。

Case 2	職場氛圍差強人意，誰能成為關鍵人物？

自己
錢幣王后
（逆位）

A
權杖侍者

B
錢幣侍者

C
寶劍王后
（逆位）

由於四種花色全部到齊了，可以看出部門整體的平衡不錯。不過在出現逆位的自己與 C 之間似乎有些彆扭。為了面對彼此，目前之間雖然有些距離，但其實或許很想好好談談。

不知道牌陣
該從何解讀起才好
⬇
首先試著審視整體牌陣

您想一邊配置牌陣一邊揭牌，或是想在全部配置完成後再一次揭牌，都由您自己決定。理想的作法是，如同看影片一般讓牌面的印象進入腦中。其間請不要停下手邊的動作，專心且一氣呵成地翻完。

這時候，請別在其間思考「因為這張牌出現在過去的位置上……」這樣的內容。這麼一來手就會停下來，妨礙思考而無法流暢地解讀。

在揭牌時如果出現令您吃了一驚，覺得「這是……」的牌，代表那極有可能正是問題的核心，請先記下來。

翻完所有牌後，請確認整體印象。並非解讀個別的牌面，而是將其視為一幅畫作欣賞。全都是權杖、全都是逆位、大阿爾克那牌很少、盡是些昏暗的牌——諸如此類粗略的印象，其實會成為重要的提示。

不均等地讀取牌陣也OK

在解讀牌陣時，不需要確實且均等地讀取每一張牌。

其中應該會有設定位置的意義與牌義分歧，無論如何都無法化為成言語的部分，或是猶豫著該如何解釋的部分。這時候不需要硬是解讀，請跳過它。反而是從乍看之下十分重要的地方解讀起之後，或許就能發現與那張牌的意義相連結的地方也說不定。

直到最後才揭曉所有牌的謎底，這種情況也是常有的。

請試著俯瞰整體圖案

Case 1 為什麼沒有戀愛上的邂逅？

在展開這個牌陣時，首先注意到的是「整體有許多顏色昏暗的牌」。

其中，雖然同樣以灰色為背景，但〈聖杯一〉的金黃聖杯就顯得十分耀眼。

這種時候，如果是希望有戀愛上的邂逅，就可以將〈聖杯一〉解釋為顯示出「最好更加重視從自己內心湧現的強烈愛意，並表現出來」的訊息。這是「救贖的聖杯（愛）」的意象嗎？

 過去
 最後預測
 現在
 成為障礙的事物
 不久後的未來
 建言
 周遭（或是對象）的狀況

Case 2 在工作上有停滯不前的感覺，是否該換工作？

牌陣整體給人漆黑的印象。雖說黑色未必是不好的意義，但總會給人沉悶的印象。

在這當中，出現在「潛意識」位置上的〈錢幣五〉吸引了目光。這原本是一張表現飢餓的牌，但由於出現了逆位，使得腳下的白雪看起來就像在發光一般。

從這裡可獲得「我並未察覺到近在自己腳邊的光芒」這樣的靈感。

然後可以從這點作出「應該還可以在現在的職場學到些什麼」的解釋。

 提問者的表意識（思考的事）
 最後預測
提問者的狀況
 不久後的未來
 成為障礙的事物
 過去
 提問者的期望
 周遭（或是對象）的狀況
 提問者的潛意識（感覺到的事）
 提問者所處的立場

不知道牌陣中
哪張牌才是關鍵

➡

注意塔羅牌的強度

　　當展開塔羅牌後，乍看之下並沒有太令人有感覺的牌，而不知道該從哪裡解讀起時，請注意牌的強度。

　　能成為線索的是大阿爾克那出現在何處。在78張牌中只有22張的大阿爾克那出現的地方，大多是掌握了某種命中註定的重要關鍵之處。

　　在以二選一（P40）占卜的時候，如果其中一方出現大阿爾克那，也可以解讀成「那個選項較具優勢」。

　　強度其次的，是出現各花色的一（ACE）的位置。此外，數字牌的強度也會根據數字而有差異。

　　如果存在著某些特徵，比如說偏向奇數或偶數，將其加入判斷基準當中或許也不錯。

　　藉由意識到牌面強度，就能使原本顯得平板的牌陣明確顯示出需要解讀的地方。這麼一來，應該也更容易找到解釋的線索。

請意識到78張牌的強度

22張大阿爾克那大多顯示著作為問題核心的事件，或是提問者所意識到的部分。
其次重要的則是各花色的一，這暗示著某種「開始」或布局。一開始，您可以將出現除此

之外的二～十以及宮廷牌的部分，視為沒有太大問題也無妨。倒不如說，在解讀重要之處的過程中，應該就會看出小阿爾克那牌的意義了。

大阿爾克那	小阿爾克那	其他小阿爾克那

22張（命中註定）	各花色數字一　4張 （確定的）	52張（日常的）

請意識到數字牌的強弱

對於小阿爾克那的數字牌，請注意出現的數字。

如同「四捨五入」字面上的意思，除了一之外，四以下的數字大多代表著事情才剛開始，還有可能演變成各種情況的狀態，或是暫時性的狀態。而數字若是五以上，重要性就會隨著數字變大而增加。數字愈大，表示問題愈接近最後階段，即將出現結果。

在作有時間序列的占卜時，位於「未來」的數字如果比「過去」位置的數字還大，就暗示著運勢正在提昇；反之，如果「未來」的數字比「過去」還小，就暗示著運勢正在衰退。根據提問內容，也可以解釋成「問題正進入收尾階段」。

請意識到數字的奇數、偶數

數字分成奇數與偶數。如果在觀看牌陣整體時，發現偏向「奇數（或是偶數）較多」的情況，請視為帶有意義，並加入解釋中。

奇數代表著男性特質、主動性、精神性與行動力；相對地，偶數則代表女性特質、被動性、物質性與消極性。

奇數愈多，表示提問者充滿幹勁，打算積極處理問題；而偶數愈多，則可以視為打算接受所有發生的事的象徵。

而如果出現了好幾張數字相同的牌，或許可以解釋成是在強調這個數字的意義。

是否有重要的
塔羅牌組合？

➡️

注意11組牌

在牌陣中，某些位置的牌在基礎上有所聯繫，有著深厚關連的情況其實是很常見的。為了看穿這點，「11組牌」是個非常方便的方式。

22張大阿爾克那牌可藉由將數字相加等於20的牌的方式分組，一共分成11組。不過，僅有〈命運之輪〉與〈世界〉相加會成為21。

成對的兩張牌，在關於某些主題上會有著完全相反的特質。比如說〈戰車〉

與〈死神〉，就分別是「勇往直前的戰士」與「終結性命的死神」。

在展開牌陣之際，如果發現了11組牌的組合，這組牌所顯示的主題，或許就會以某種形式成為關鍵。

如果是〈皇帝〉與〈高塔〉，可能就代表「穩定與革新」這個主題是問題的核心。

當然，這並非適用於所有情況，請當成是尋找提示時的參考。

當出現11組牌的逆位時，代表著什麼？

應該也有人認為，既然兩張牌原本的意義就是完全相反的，那麼應該不需要考慮到逆位的情況吧？ 不過，這其中其實存在細微的差異。比如說〈教皇〉與〈惡魔〉，分別是「侍奉神的人」與「背離神的人」的差異。但如果〈教皇〉出現了逆位，您也不會直接將其解讀為〈惡魔〉吧。意思應該會變成「即使心懷邪惡，也會表現的像個偽君子」；同樣的，如果〈惡魔〉出現了逆位，您也不會將其解讀成身為聖職人員的〈教皇〉。請確實理解正位時牌義本身的差異，並藉此拓展意象。

請注意11組牌的配對

Case 1 | 該如何與關係差的晚輩好好相處？

使用適合用來看契合度的六芒星牌陣，在「對方」位置上的牌為〈力量〉，而在「自己」位置上的則是〈吊人〉，這是顯而易見地出現了11組牌的例子。

這組牌的主題為「動與靜」。實際上，反而是出現了〈力量〉牌的對方正在努力試圖改善關係，而身為〈吊人〉的您則縮在自己的殼裡也說不定。出現在「建言」位置的〈錢幣六〉，或許也代表著需要坦率地接受對方的好意。

對方的
心情

過去

提問者的
心情

最後預測

不久後的
未來

現在

建言

Case 2 | 新企畫為什麼上不了軌道？

在「過去」的位置上出現了〈魔術師〉，可以得知原本是意氣風發地展開企畫的；但「目前狀況」上出現了〈月亮〉，顯示出不穩定而沒把握的模樣。不過在11組牌中，與〈魔術師〉成對的〈太陽〉出現在最後的結果，這點具有象徵意義。

這組牌的主題為「開始與終點」，因此企畫應該能順利以成功作結。而從出現在建言位置的〈寶劍九（逆位）〉看來，可以解讀為重點在於要從惡夢（胡思亂想或疑神疑鬼）中醒過來。

過去

最後預測

現在

成為障礙
的事物

不久後的
未來

建言

周遭
（或是對象）
的狀況

大阿爾克那
11 組牌一覽表

在本節中整理了11組牌的組合，與各組牌的主題。

0 愚者

20 審判

沉睡的青年與甦醒的通知

〈愚者〉意謂著事物上處於含糊不清的階段，人物應該想一直作著夢吧。不過，〈審判〉是宣告決定時刻到來的牌，小號的音色是在宣告「快點起來」的甦醒時刻。

1 魔術師

19 太陽

起跑信號與終點線

〈魔術師〉面對新的發展，處於滿心期待與自信的狀態，看起來就像正在為接下來的派對做準備。〈太陽〉則是意謂著喜悅與最高潮，身為宴會的主角，令整個會場氣氛熱烈，並因成就感而露出燦爛的笑容。

2 女祭司

18 月亮

分明與模糊

〈女祭司〉希望黑白分明，而〈月亮〉則是張凡事都不明說的牌。在月亮映照下的世界，無論是天空、山、甚至連流水都一樣是藍的。與令人瘋狂的曖昧不清相反，〈女祭司〉的顏色即使在細微之處都徹底地區分。

3 女皇

17 星星

富裕的女性與純粹的少女時代

〈女皇〉為意謂著豐饒的牌，這名衣著華麗的女性得到了一切，呈現出獲得滿足的狀態。〈星星〉雖然是一絲不掛的少女，但她卻是充滿了「接下來將會獲得某些事物」可能性的狀態。

4 皇帝

16 高塔

破碎與建造

〈皇帝〉意謂著穩定，〈高塔〉則是意謂著毀滅的牌。前者為守護組織或家庭的秩序之力，後者則為破壞規則與常識之力。不過，這兩者並非敵對，而是代表古物翻新的過程，也就是所謂的新陳代謝。

5 教皇

15 惡魔

人類的理性與動物的本能

〈教皇〉為意謂著理性或道德規範的聖職人員牌。他是否正在向面前的兩人宣揚神的教誨？ 相較之下，〈惡魔〉則是欲望或快樂的象徵，他引誘聽從〈教皇〉教誨的人，並試圖將他們拖進墮落的道路。

6 戀人

14 節制

表面上的同調與真正的理解

〈戀人〉意謂著同調，兩人即使不交談，感覺也能相通，是很愉快的一對。相對地，節制則像是結褵多年的老夫妻般深深理解。會為了接納不同的價值觀，而將內在融合。

7 戰車

13 死神

分秒必爭之人與克服死亡之人

〈戰車〉接下來正要前往戰場，而〈死神〉則是要前往見證戰鬥的結束。臉色毫無畏懼的〈戰車〉不等人送行，似乎顯得分秒必爭；相較之下，〈死神〉或許是死神顯得游刃有餘，而從馬上凝望著求饒的人類。

8 力量

12 吊人

主動的強悍與被動的強悍

〈力量〉在面對猛獸時也毫不畏懼，試圖親手解決狀況。而〈吊人〉乍看之下手腳都動彈不得，一邊靜靜忍耐，一邊戰鬥著。不過他或許正在冷靜地思索，打算運用頭腦逃脫。

9 隱士

11 正義

浪漫主義者與現實主義者

〈隱士〉為追求真理的牌，他閉上眼低著頭，似乎是在冥想。另一方面，〈正義〉則著重眼前的現實。他筆直地凝視前方，彷彿隨時都會開口。寶劍與權杖，兩人連持有的物品也呈現著對比。

10 命運之輪

21 世界

輪盤與判斷結果

〈命運之輪〉意謂著流勢。這張牌隨時保持著現在進行式，絕對不會停止。相對地，〈世界〉則是已經產生結果的狀態。展現出某種事物已經完成的幸福狀態。

無法連結牌陣中
塔羅牌的意義……

➡

找出「肉眼看不見的線」

除了11組牌，塔羅牌之間其實也常有密切的關聯。

比如說，在構圖或配件上有共通處，或是花色與數量相同等等。

當進行之前占卜過的主題時，曾經出現過的牌再次出現；或占卜工作時出現的牌也出現在占卜戀愛的牌陣中等等，結果也可能是有關聯的。話雖如此，也不能單純地將這點列為鐵則，認為「只要出現這個組合，就一定有所關聯」。這會取決於占卜內容、解讀者的狀況或靈感而定。

在這個時候，由這個人發現了這種巧合，才會成為重要的提示。

接下來會介紹該注意的地方、容易產生共通處的重點，因此當您在想「哪裡有提示呢？」的時候，就可以確認看看。

請試著視為一幅畫來欣賞

訣竅在於將牌陣全部配置好後，請稍微遠離一些，像是欣賞一幅畫般看著整體。這麼一來，就能看見共通處，隱約感到不對勁的地方也會浮現出來。這些地方大多會掌握重要的關鍵。在逐漸熟練後，您就能在一邊揭牌的同時，一邊察覺「這與剛才的牌有點像」了。而在更上一層樓後，甚至可能會在揭牌前，就產生「總覺得在這裡會出現這張牌」的預感，並真的翻出這樣的牌。這種時候解讀也會更為清晰，不僅能流暢地解讀其他牌，說中的機率也會提昇。

請試著確認這種共通處

寶劍二  錢幣四

權杖騎士  權杖六

寶劍七  錢幣九

相似的構圖或相同的配件

構圖或配件的相似處應該很容易尋找。〈寶劍二〉、〈錢幣四〉的共通處在於都坐在椅子上;〈權杖騎士〉、〈權杖六〉為馬匹;〈寶劍七〉、〈錢幣九〉則是姿勢上的氛圍相似。

權杖十 寶劍十

寶劍三 聖杯三

錢幣六 錢幣十

同樣的數字、同樣的花色

在牌陣中會出現多少特定花色,端看該問題與元素中的火(熱情)、地(物質)、風(思考)、水(情感)中的哪個要素有深厚關聯。如果是同個數字的牌,也請查看意義。

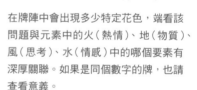

第二次 「我想知道○○的流勢!」

現在
戰車

第一次
「為了○○,
我該怎麼做?」

未來
戰車

在過去的占卜中出現過的牌

當您針對一個問題換種問法,展開了複數牌陣,並發現在第一次出現的牌也在第二次中出現時,那張牌就很有可能是關鍵。比如說,曾經出現在「未來」位置的牌,在過了一段時間後,這次也可能會出現在「現在」位置。

一再出現逆位，
不知道該如何解讀才好

➡

試著察覺問題核心所在之處

有許多人一旦遇到逆位，就會不知道該如何解牌。因此，我曾經說過一開始不採用逆位也無妨。不過在展開牌陣時，即使不取每張牌的逆位意義，單從出現逆位的事實中也能得知資訊。

其中一點，就是有極高的可能性會清楚地顯示出問題所在。大多數人都會針對某些煩惱占卜，而其中的彆扭或曲解之處，換言之就是存在問題的部分似乎會很容易出現逆位。單看整體牌陣中出現多少逆位、跟其他位置的牌比較起來如何，就已經能成為充分的提示了。

請不要討厭逆位，善加運用以加強解讀功力吧。

請試著與其他牌比對

不只單看出現逆位的牌，而是審視牌陣整體，這麼一來就能更明確掌握牌義。

在占卜契合度時，代表「對方」的位置上出現大阿爾克那的正位，在「自己」的位置上出現小阿爾克那的逆位時，也能解讀成只有對方懷著強烈的想法；此外，在占卜「二選一」之際，可將出現逆位的選項判斷為無法順利進行，將其從選項中剔除——也有這樣的使用方式。

這是在與其他牌比對時才能看見的事，請別被一張出現逆位的牌分散注意力，而是要環顧整體。

請試著注意逆位的比例

當逆位的牌一多，就常會感到難以解讀而
不知所措。這種時候，可以從牌陣整體解
讀出「提問者並不打算積極涉入這個問
題」。有可能是視而不見、心懷嘲諷，或是
沒有察覺問題存在，也有可能其實是並不打
算解決這個問題等，缺乏認真的態度。當逆
位牌過多時，也能試著思考這種可能性。
而如果在眾多逆位牌中，只出現一張正位
的牌的話，或許這正是強烈代表著提問者
的真正想法。

請試著解讀為改變結果的提示

如果在「未來」或「最後結果」出現逆位，
總會令人沮喪。不過，正是在這種時候，才
要來審視整體牌陣。
在牌陣中出現了好幾張逆位牌的情況，只要
將作為核心的牌義從逆位轉回正位（消除這
項主要原因的話），其他牌也會變成正位，
使得未來或最後結果也跟著改變，解決問題
──也常有這樣的解讀方式。
我在替他人占卜時，經常使用這種只要消除
逆位牌顯示的「曲解」，結局也會跟著改變
的解讀方式。
比如說，A 的牌是逆位，B 的牌也是逆位。
反之，只要 A 的牌轉回正位，B 的牌也同
樣會轉回正位──就是這樣的解釋。

問題的原因　　　　　　　　未來
女皇（逆位）　　　　　　星星（逆位）

問題的原因　　　　　　　　未來
女皇　　　　　　　　　　　星星

收集獨特的塔羅牌
也很有趣喔！

　　據說在市面上流通的塔羅牌，共有數千款以上。只要了解基本意義後，請盡量嘗試使用其他塔羅牌吧。即使是同樣的塔羅牌，應該也會因為圖案改變而獲得全新的靈感，而作出不同於以往的嶄新解析。

和平之母塔羅牌迷你版

以世界各地的古代神話為基礎的塔羅牌。由於是以跟偉特塔羅截然不同的世界觀繪製的，希望從牌上獲得新的詞彙時，很推薦使用。由於是圓形的，所以不會受到正逆位束縛，可以從圖案盡情地拓展意象。

煉金術塔羅牌

由祕密結社「黃金黎明協會」製作的塔羅牌。由於繪製了行星或星座的象徵，對於喜歡占星術的人來說，應該更容易拓展靈感。風格神祕的黑白線條畫，能幫助人提昇占卜時的情緒。

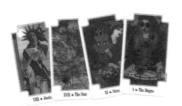

蛻變塔羅牌

將古典繪畫以嶄新方式拼貼而成的塔羅牌。除了〈正義〉為波提且利繪製的《春》之女神外，〈愚者〉還成了〈幻想家〉等等，連名稱也作了獨特的調整。似乎能幫助人拓展全新的靈感。

Chapter 3

排除障礙篇

接下來將介紹在練習塔羅牌時，
如何排除容易遇到的障礙，
跨越容易跌落的陷阱。

排除中階使用者
常見的障礙

信任塔羅牌，
跨越塔羅牌挫折的高牆

　　總覺得占卜結果的準確度差強人意、連續好幾次抽出不好的牌而覺得「受夠了」而決定放棄……其實這正是多數人放棄塔羅牌的原因。不過，您能那麼輕易放棄所占卜的願望或煩惱嗎？

　　如果面對這種情況，您會怎麼做呢？在會議上提出一項計畫，如果能夠達成就能獲得驚人收益，然而如果要著手，難度卻非常高。您會選擇放棄，還是為了實現計畫而思考該怎麼做呢？

　　塔羅牌也是一樣的，如果在占卜戀情時抽到令您不悅的牌，您會因為戀情無法實現而選擇放棄呢，還是會思考既然如此，該怎麼做才好呢？

　　這時候考驗的是提問者的意志，與放在願望或煩惱上的想法強度。如果有熱情，即使抽出負面消極的牌，您還是會試圖從中取得提示才對。

　　如果因為「感覺很討厭，而且無法順利解讀牌義，還是算了」而放棄，那麼一切就到此為止了。為了跨越高牆，需要的是解讀到最後的毅力。

　　一切的偶然都是有意義的。「這張牌應該想傳達些什麼給我吧？」首先請試著相信塔羅牌。

您與塔羅牌為
母子關係

塔羅牌與解牌者之間的關係，或許與嬰兒和母親的關係相似。嬰兒不會說話，母親卻能明白「他希望這樣吧」，而能確實地溝通。

同樣的，不會說話的塔羅牌究竟想向您傳達什麼訊息？請試著以照顧孩子的母親般的心情去面對。「這張牌搞不好想表達這個意思！」像這樣與塔羅牌互相理解的瞬間一定會到來的。

對抽出的牌寄予最大信任
是非常重要的

此外，父母還有一項能力，就是接納孩子。首先請去接納名為塔羅牌的您的孩子所傳遞的訊息。即使無法順利解讀，也不是塔羅牌（孩子）的錯，而是占卜者（母親）尚未達到足以理解的狀態罷了。只要養成總是試著解讀抽出的牌的習慣，解析技巧一定會有所改變。

總是在類似的情況下停止解釋、希望能再進一步解讀這個環節——在〈Chapter 3　排除障礙篇〉中，將會介紹能排除這些障礙的提示。

「只要這麼做就行了！」相信您一定會因此茅塞頓開。

17

有的牌總是只能導出
相同的意義

設法試著改變觀點

一旦習慣塔羅牌後，從牌上解讀出的詞彙就很容易變得制式化。這麼一來就會覺得占卜本身愈來愈無聊。

說到底，牌義應該會根據占卜內容而變化才對。您或許會認為〈惡魔〉是引誘人接觸欲望的壞牌，不過，如果在占卜關係降到冰點的夫妻時抽出這張牌，或許反而能解讀成兩人的關係會比現在更加親密。

如果在想與情人分手時，在「未來」位置上出現了〈死神〉，則代表著「似乎能夠無後顧之憂地成功分手，太好了」，對當事人而言很好的結局。為了避免解釋變得過於千篇一律，您必須先排除自己心中「這張牌就是這個意思」的成見。

請在看見牌時試圖想像不同的解釋，或換一款牌來尋找新提示吧。

請試著讓印象一百八十度地轉變吧！

〈寶劍七〉正掩人耳目地偷偷做著什麼事情，他的表情應該讓許多人留下負面印象吧。不過，如果想成他正在為了心愛的情人準備驚喜派對呢？

〈錢幣五〉正因為飢餓而顫抖著，如果有困難，明明只要跑進身後的教堂就行了，卻沒有這麼做。換言之，這張牌透露出自尊心出乎意料地高。

請試著作些練習，像這樣從另一個角度去看塔羅牌吧。

寶劍七

偷偷地準備
令人驚喜的禮物吧！

高傲的自己
才不會去向人求助！

錢幣五

試著使用與平常不同的塔羅牌吧！

如果要切換想法，最簡單的方式就是換一款牌。

市售的塔羅牌幾乎都與本書中介紹的偉特塔羅一樣，由78張牌組成。全世界充滿個性的藝術家，也會以自己的方式來呈現塔羅牌的世界。

即使圖案不同，牌義也不會因此改變。不過隨著映入眼簾的資訊不同，自然就會產生新的解釋。

〈高塔〉

這是以《愛麗絲夢遊仙境》為主題的「愛麗絲夢遊仙境塔羅牌」中的〈高塔〉。偉特塔羅中遭天雷擊中而崩毀的高塔，在這裡成了無法容納變成巨人的愛麗絲而從內側被撐毀。

〈高塔〉暗示的是「意料之外的麻煩」，不過那究竟是誰引起的？ 也能像這樣拓展想像力。

〈太陽〉

這是「吸血鬼塔羅牌」中的〈太陽〉。對吸血鬼而言，太陽是致命的存在。那麼這張牌就會成為不祥的牌嗎？ 實際上並非如此，身為吸血鬼的自己死亡一事，或許反而暗示著受詛咒的靈魂獲得淨化，得以以人類身分解脫的喜悅。

這麼一來，〈太陽〉意謂的「喜悅」涵義又更增進了深度。

很難解讀
排了許多牌的牌陣
⬇
試著活用「目前的自己牌」

即使看了牌陣，也不知道該從何解讀起才好。希望有些能成為解讀契機的提示。在這種時時候，我推薦「目前的自己牌」。

只要一邊簡單詢問「自己目前的狀態如何？」一邊抽出一張牌即可。抽出的牌大多能成為解讀牌陣的提示，我現在在鑑定前也一定會抽一張。如果在「目前的自己牌」抽出了大阿爾克那牌，可以解讀成「今天的解析似乎會得出重要

的結果」。

如果是小阿爾克那牌，也請試著確認在牌陣中，有沒有抽到同樣花色或數字的牌。

藉由一邊找出「目前的自己牌」與牌陣中的牌的關聯一邊解釋，應該更能容易產生故事。

請您也務必養成抽「目前的自己牌」的習慣。

隨時都可以抽一張「目前的自己牌」

關於「目前的自己牌」，想事先決定是最上面那張，或是從上面數來第幾張，還是從喜歡的位置隨便抽一張牌都可以。請先決定好自己的風格。

抽出的牌要放回牌堆裡也行，如果怕忘記抽到了什麼，您也可以先擺在旁邊再開始占卜。雖然在鑑定前事先抽一張，能幫助解牌更容易，不過我也很推薦在「雖然展開了牌陣，卻完全摸不清頭緒！」的時候再來抽一張。或許能提供您解讀牌陣時的好提示。

請試著活用在解牌上

Case 1 跟朋友吵架了，該如何改善關係？

由於在「現在」抽出了〈權杖王后（逆位）〉，在「過去」抽出了〈聖杯騎士〉，因此可解釋成情感上的失和。

不過，在「對方的心情」抽到的是〈寶劍騎士〉，因此似乎有想與您談談的意思。

此外，在「目前的自己牌」更抽出了〈錢幣騎士〉，或許代表兩名騎士應該已經做好了面對彼此的覺悟？

此外，如同在「建言」抽出的〈權杖四〉所顯示的，只要準備好能談談的場合，似乎就能和好如初。

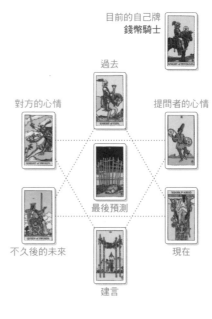

目前的自己牌
錢幣騎士

過去

對方的心情　　　　　提問者的心情

最後預測

不久後的未來　　　　現在

建言

Case 2 公司的業績惡化……我該準備跳槽嗎？

一開始似乎在這裡工作得很愉快，不過如同〈月亮（逆位）〉顯示的，因為看見了職場環境的現實，或許正在心想「不應該是這樣才對」。作為「目前的自己牌」所抽出的〈寶劍二〉，也可以看出您正在懷著「該繼續待下去，還是該跳槽」的兩個選項確認情況。

在「建言」與「最後預測」中出現了兩張一（ACE），代表問題或許會是要選擇「薪水〈錢幣一（逆位）〉」還是「工作價值〈權杖一〉」。

過去　　　　　最後預測

現在　　　　　成為障礙的事物

不久後的未來　　周遭（或是對象）的狀況

建言

目前的自己牌
寶劍二

想不出適當的詞彙，
占卜時會耗費許多時間

➡

徹底遵守三秒法則

有時候，即使看著牌，腦中也會浮現不出半個詞彙或形象吧。在這種時候，請試著在揭牌後三秒以內說出感覺到的事物。為什麼是三秒呢？這是因為如果花更多時間，只會讓自己更費心思思考。「因為這張牌是這個意思，出現在這個位置上，所以……」一旦開始這樣想，就容易流於以自己方便的角度解讀，而陷入以往制式化的解釋中。

在解讀塔羅牌上，直覺是很重要的。在揭牌後映入眼簾的同時，浮現在自己心中的事物為何？是不安、喜悅，還是內疚呢……這正是透過塔羅牌，從您的潛意識中引出的答案。

「並非思考，而是去感受」。可以說這才是在真正的意義上「準確」解析的訣竅。

「感覺」與「思考」的事情是不同的

我曾經請對自己沒信心的人親自抽一張牌，並說出看到牌面的那瞬間想到的事物。

對方抽出的是〈錢幣九〉，並說出「我有拿自己跟這種亮麗耀眼的女孩比較的壞習慣」。

〈錢幣九〉原本並沒有那層涵義，不過，既然看了牌面有這種感覺，對那個人而言那就是正確答案。

如果按照參考資料將其解釋為「受到周遭賞識」、「獲得地位」等，這就是思考運作的結果。而所謂的「並非思考，而是去感受」指的就是這麼回事。如果能以自己的詞彙來表現就更好了。

請練習看了牌面後「感覺」看看

或許有的人並不清楚何謂直覺，也掌握不到浮現詞彙的感覺為何。而我為這類人設計出的練習就是「單張牌完整版」。這是將問題一個一個拋給塔羅牌的練習。我曾經在設定問題的練習法中介紹過（P77），不過這也能作為三秒法則的練習。

請將78張牌拿在手中，每提出一個問題就抽一張牌。並在三秒內說出腦中浮現的詞彙後，再提下一個問題並揭牌……就這樣反覆練習。

如果需要，可想像成是在跟朋友聊天。「覺得這樣如何？」、「不過這邊似乎比較好耶？」請像這樣接二連三地向塔羅牌提問。說不出來也無妨，重點是別太逞強。雖然能夠將78張牌全部完成是最理想的，但一開始只要做到10張左右就 OK 了。

如果想要事後回頭驗證內容，事先準備好錄音機等器材錄下來或許也不錯。不只唸出問題，也唸出抽到的牌名，這麼一來也更容易複習。

高塔

三秒內解讀……

◆ 一切從頭重新來過

◆ 足以動搖立足點的意外

◆ 似乎即將發生什麼事

如果是LUA……

雖然給人不佳印象的〈高塔〉，但墜落的人物表情看起來似乎很愉快。從這裡可聯想到「下定決心跳下去」。

審判

三秒內解讀……

◆ 過去的事情再度復甦

◆ 在醫院接受治療

◆ 結清目前為止所賒的帳

如果是LUA……

死者看起來就像泡在浴池裡，給人「溫泉」的形象。由於是幫助人消除疲勞重新活過來，與牌義也是相符的。

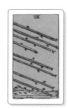

權杖八

二秒內解讀……

◆ 事物順著強風加快速度

◆ 阻擋在前方的柵欄

◆ 體育競技、瞭望臺

如果是LUA……

權杖看起來像義大利麵。如果葉子是羅勒，那就是青醬口味。在占卜菜色的時候也會出現這樣的靈感。

請像這樣試著進行單張牌完整版

今天也因為加班而疲憊不堪。為什麼我的工作總是處理得這麼慢……

寶劍七

從重要的事物上別開目光是什麼意思？是什麼事情？

聖杯八

指的是總是看著遠方（目標），而沒有注意腳邊嗎？我該如何改善？

權杖三

跟回家路上的夜空很像……或許應該避免以加班為前提工作比較好。這樣的話，我的人生會如何？

錢幣王后

代表開花結果的牌，總覺得好想結婚！這麼說來，我在這次的活動中會有好的邂逅嗎？

寶劍侍者

代表過去的牌……我會遇到老朋友嗎？該穿怎樣的衣服去才好？

聖杯六

因為是鋒利的劍，所以感覺俐落而知性的味道似乎不錯。

進行單張牌完整版的訣竅，是比起思考牌義，更著重於優先看著圖案，從瞬間浮現在腦中的內容接二連三地拓展聯想力。請注意每一次都要在三秒以內回答。

請享受與塔羅牌交談

單張牌完整版的重點，在於間不容髮地編織詞彙，不留給腦袋時間思考。有時或許會冒出搞不懂意義的詞彙，不過這種並非前定和諧的詞彙，才是真正代表真心話的內容。如果出現了意料之外的詞彙時，請試著思考。一定會連結到出乎意料的結論上。

如果說塔羅牌是反映出內心的鏡子，單張牌完整版所導引出的詞彙就全都是您的內心本質。如果有時間與體力，也請試著使用78張塔羅牌來挑戰單張牌完整版。

從「感覺到」的事物開始解析

請在您實際解析牌義時，也回想起在練習單張牌完整版時編織出話語的感覺。首先請注意揭牌時感覺到的事物，並化為言語，接著請試想那是否與問題內容有關聯。審視整體牌陣、確認有11組牌、正逆位的比例、時間順序的流勢等細節，可以等這之後再做也無妨。請試著優先解析在思考運作之前感受到的事物。

—— P O I N T ——

可與朋友一起拓展靈感

三秒法則的單張牌完整版練習，不只可以一個人做，也推薦由好幾個人一起做。請試著看一張牌，並說出浮現在腦中的詞彙。這時候，如果與完全不懂塔羅牌的人輪流挑戰，或許會說出意料之外的詞彙，這也是有趣之處。

只不過，如果想法太過跳躍，就會成了聯想遊戲，而無法作為占卜。因此請一邊意識著原本的牌義，一邊嘗試。

無法連逆位的意義都記住，
導致解讀中斷

試著理解逆位的三種基本模式

逆位的意義是許多人受挫的重點。在出現顛倒的牌的瞬間，或許也有人會感到沮喪。雖說初學者可以不採用逆位也無妨，不過如果能夠掌握，確實能拓展解釋的廣度。

逆位的意義一樣不需要硬背，重要的是先從最先映入眼簾的位置或湧現心頭的靈感開始擴展解釋。

即使如此還是搞不懂的話，首先請試著掌握正位的意義。因為那表示「原本應該是這樣的狀態（正位），而現在變成並非如此的狀態」。並將其應用到在本節中介紹的，與正位狀態「①完全相反」、「②消極負面意義」、「③未達」的三種模式上。只要掌握這點，無論在何種情況下出現逆位，應該都可以解釋了。

首先請試著直覺地解讀

請實際試試看能夠從顛倒的牌中產生何種靈感。牌面如果顛倒，或許反而會發現正位時沒注意到的地方。此外，還能從顛倒的圖案看出與原本意義不同的故事。

〈戰車〉如果是正位時，似乎會筆直向前猛衝，但換作是逆位時，就會給人逃跑、往錯誤的方向前進，或是倒著走的印象；看起來甚至還像已經出了意外而翻車的狀態。這麼一看，年輕人像不像躺在擔架上的傷患，兩隻斯芬克斯則是護理師？

戰車

正位　　　　　　逆位

請試著將牌倒過來看看

正義

正位　　　　　　逆位

〈正義〉如果出現正位，就是針對善惡公平作出判斷；而出現逆位時，就會發現右腳的白色鞋子稍微露了出來。這或許會令人產生「隱藏真心話」、「其實偏袒著其中一方」的印象。

寶劍王后

正位　　　　　　逆位

〈寶劍王后〉在正位時，宛如表明強烈意志般凜然高舉著劍；而變成逆位後，那把劍看起來就像圖釘或牙籤了。這會衍伸為嘮叨個沒完的前輩般的形象嗎？

寶劍三

正位　　　　　　逆位

〈寶劍三〉即使在正位看起來也十分疼痛；而變成逆位後，由於劍柄位在下側，看起來反而不可思議地沉穩了下來。或許能因此解釋成「拖了很久的內心傷痛」、「陶醉於難受的狀態，沉溺其中」。

權杖一

正位　　　　　　逆位

用力握住棍棒的〈權杖一〉。這隻手的形狀看起來也像在比「好」或「讚」的手勢。而當牌顛倒後，就成了「喝倒采」的手勢。因此也能解釋成「導致周遭的反彈」、「評價不佳」。

請理解解釋的三個基礎

在這裡將會介紹三種解釋逆位的模式，不過由於意義截然不同，或許還是有人會感到迷惘而詢問：「到底該採用哪種解釋才好？」包括這點在內都是由您自己判斷。在出現逆位牌的瞬間，或許會容易令人感到悲觀，不過該如何解讀、解讀些什麼，都是由您來斟酌決定的。請別將一切都寄託在牌上，也要確實擁有靠自己決定的意志。

①出現牌義完全相反的情況
②出現牌義變得消極負面的情況
③出現未達牌義的情況

星星
KEYWORD 希望

❶ 出現牌義完全相反的情況
　➡ 沒有希望、希望消失

❷ 出現牌義變得消極負面的情況
　➡ 依賴錯誤的希望（目標）

❸ 出現未達牌義的情況
　➡ 要實現希望還有很長的路要走

權杖七
KEYWORD 奮鬥

❶ 出現牌義完全相反的情況
　➡ 感到恐懼、處於不利狀況

❷ 出現牌義變得消極負面的情況
　➡ 被迫陷入苦戰、預計會輸

❸ 出現未達牌義的情況
　➡ 精力或體力低落

POINT

牌義變得積極正向的逆位

變成逆位時，牌義未必會變糟。也可能會有原本的意義不太好的牌，解釋反而變得積極正向的情況。

具代表性的例子是〈月亮〉。正位的意義是「朦朧不清」，但換成逆位後，就多從月亮西沉、太陽升起的這層意義解讀成「狀況逐漸變得明晰」。

除此之外，〈聖杯五〉倒下的聖杯中，平安無事地站立的兩個聖杯就會成為焦點，解讀成「從悲傷中振作」；此外，靜靜休息的〈寶劍四〉換成逆位，也能解讀成「休息時間結束，再次啟動」。

除此之外的牌中如果會浮現正面積極的意義，加以採納也無妨。

Case 1 | 在意的他
現在的心理狀態如何？

節制（逆位）

將單腳伸進水中的〈節制〉牌顛倒過來後，看起來就像雙腳沒有踏在地面上的狀態。簡直就像正要往地面墜落般。而且緊閉的雙眼看起來似乎正在拒絕別人。

如果為正位時意謂著「互相理解」，但現在看起來則有種「反正也不可能互相理解」的放棄心境。他現在或許正緊閉著心房。

Case 2 | 證照考試準備進展得
不順利的原因為何？

原因　　　　結果　　　　建言
正義（逆位）　錢幣騎士　　世界
　　　　　　（逆位）

「原因」的位置出現了〈正義（逆位）〉，指出您心懷「準備進展得不順利並不是自己的問題」的天真想法。而「結果」的〈錢幣騎士（逆位）〉，正位意義為踏實穩健地著手面對，而逆位則成了產生惰性的模樣。由於「建言」為〈世界〉，暗示著「做到最後完成」，因此只要您重新振作，不要偷工減料，就能獲得很好的結果。

Case 3 | 我與現在職場的
契合度如何？

牌陣整體而言出現了許多聖杯牌。「對方（公司）」為〈聖杯王后〉，因此看起來是對提問者灌注愛情的模樣，但「提問者的心情」為〈聖杯十（逆位）〉，則顯示出您似乎覺得在現在的職場發展受限，而心生倦意。出現在「最後預測」的〈命運之輪（逆位）〉，或許是承接了〈聖杯十（逆位）〉倒出的水而倒轉的。而「建言」位置的〈聖杯國王（逆位）〉也告誡著別再懶洋洋地應對，擁有自己的主軸是很重要的。像這樣，在牌陣中出現的逆位牌也可以解讀為對其他牌造成了影響。重點在於請仔細審視圖案，找出故事性。

過去

對方的心情　　　　　　　提問者的心情

最後預測

不久後的未來　　　　　　現在

建言

總覺得小阿爾克那的解讀
全都大同小異

一邊比較相似的塔羅牌，一邊統整

在使用小阿爾克那牌時，同樣繪製了離去者背影的〈寶劍六〉與〈聖杯八〉這樣牌面相似的牌，很容易令人搞混意義。不過，如果同樣解讀成「有什麼離去了」，就不能說確實已經將小阿爾克那融會貫通。

在本節中，會將圖案或印象相似的牌義作個整理。藉由比較這些牌，加深對每一張牌的理解，也就更容易引出牌義。

此外，不僅比較圖案相似的牌，也來跨越大、小阿爾克那的藩籬，看看意義相近的塔羅牌之間的差異吧。〈寶劍十〉與〈死神〉同樣擁有「結束」的涵義，要找出其中的相異處應該很困難。尤其是小阿爾克那，更難理解其中的細微差異。

雖然有許多塔羅牌的意義相近，但只要思考「明明有好幾張相似的牌，為什麼會抽出這張」，以細節上的差異作為解讀資訊，就能提昇占卜精準度，並獲得更清晰的建言。

請區分印象相似的牌面

〈權杖九〉、〈寶劍八〉

〈權杖九〉與〈寶劍八〉是人物分別被長棍與長劍包圍，構圖看起來十分相似，不過牌義卻完全相反。〈權杖九〉是為了避免自己的領地被掠奪，而在內側謹慎防守的人物。

相對地，〈寶劍八〉則是被鋒利的劍包圍，想出去外側也出不去的人物。

即使看似在同一個地點，心境上卻截然不同，請注意這點。

權杖九　　　　　寶劍八

〈寶劍二〉、〈月亮〉

兩張牌都繪製了月亮，也同樣代表著曖昧不清
或迷惘，很容易搞混。

〈月亮〉暗示的是真相遭到掩蓋，即使想正視
現實也看不見的狀態。

另一方面，〈寶劍二〉則意謂著在兩件事之間
糾結，而想逃避問題的迷惘的牌。

由於是司掌理性的寶劍，在能掌握現實這一點
上與〈月亮〉相異。

寶劍二　　　　　月亮

〈寶劍王后〉、〈女祭司〉

兩者的共通處是同樣為冷酷而具智慧的女性。
雖然容易作出同樣解釋，但只要注意年紀，就
會發現差異。

〈女祭司〉為年輕女性，特徵是理想崇高，凡
是都想黑白分明的青澀。

而〈寶劍王后〉則是人生閱歷豐富，比起理想
更會根據經驗，並以現實的態度看待事物，因
此較能隨機應變。

寶劍王后　　　　女祭司

〈寶劍八〉、〈吊人〉

兩張牌同樣繪製了身體遭束縛的人物。不過從
〈寶劍八〉的雙腳沒被束縛卻沒採取行動看
來，可以解讀為在心理或許有著誤解或被害妄
想般的消極負面情感。

而〈吊人〉雖然是動彈不得的狀態，卻接受了
現實並動腦思考著，因此也可解讀為正面積極
的狀態。

寶劍八　　　　　吊人

請比較意義相似的牌面

〈寶劍十〉、〈死神〉

屍體與死神，兩者都是會令人聯想到「結束與開始」的牌。

〈寶劍十〉由於是司掌理性的寶劍牌，因此意謂著思維的終結。換言之，是接納自己的弱點並找出對策，在精神面意義上的結束與開始。

而〈死神〉則暗示著人際關係、戀情、工作等會平等地造訪所有人的命運性終結。

寶劍十　　　　死神

〈錢幣九〉、〈女皇〉

兩張牌都描繪了被豐饒大自然包圍的，身分崇高的女性。

〈錢幣九〉暗示著因豐富才華與實績帶來的成功。

而〈女皇〉指的則是內心充滿愛意而游刃有餘的狀態。兩人均是因為獲得滿足而有餘裕，不過請注意物質上獲得滿足的〈錢幣九〉，與精神上感到充足的〈女皇〉間的差異。

錢幣九　　　　女皇

〈錢幣二〉、〈節制〉

兩者的共通處在於把玩著不同的兩樣物品，並很好地取得平衡。

〈錢幣二〉帶有強烈的操縱兩樣物品的意義，相對地，〈節制〉則是在融合的意義上很強烈。如果說〈錢幣二〉給人的印象是享受交談的氛圍與互動，那麼〈節制〉就是能加深彼此理解的對話。

錢幣二　　　　節制

〈權杖四〉、〈聖杯九〉、〈錢幣十〉、〈聖杯十〉、〈世界〉

這些全都是感覺開朗愉快的牌，不過在細節上各有差異。

請注意小阿爾克那的數字與花色的特質。數字最大的〈錢幣十〉與〈聖杯十〉意指「完成」。兩者繪製的都是看似幸福的家庭，因此很容易混淆。不過錢幣牌暗示的是實際事件的完成或物質面上齊備的狀態；聖杯則暗示心靈上的富足。

而〈世界〉可說是跨越物質與精神的等級，在各方面都獲得滿足。

相對地，未滿十的〈權杖四〉與〈聖杯九〉都是處於未完成的狀態。

〈權杖四〉是看似慶生會或婚禮般的小型派對的喜悅，或令人鬆口氣的幸福感。

而〈聖杯九〉代表的也是對於獲得之物的喜悅，以及相信接下來也會順利進展的心情，因此同樣是代表未完成狀態的牌。

權杖四　　聖杯九　　錢幣十

聖杯十　　世界

〈權杖二〉、〈權杖三〉

兩張牌的花色同樣是權杖牌，並且繪製了對未來抱持熱情的男子背影的圖案。

〈權杖二〉看似已經獲得了某些事物，正咀嚼著這份滿足感並得意地面對美好未來的狀態。

而〈權杖三〉則是暗示著比起現在所擁有的事物，更強調未來的重要性，積極思考接下來會造訪的機會或課題的狀態。

權杖二　　權杖三

〈寶劍三〉、〈寶劍九〉、〈聖杯五〉

乍看之下，會令人聯想到悲傷的三張小阿爾克
那牌。

〈寶劍三〉呈現的是受到突如其來的驚嚇，內
心的刺痛與精神上的打擊。

〈寶劍九〉則意謂著一旦回想起來就會感到如
針扎刺般的，自己內心的懊悔。這兩張牌都是
司掌理性的寶劍，因此也暗示著雖然沉浸於悲
傷中，也必須接受事實並且醒悟的發展。

〈聖杯五〉也是一張顯示後悔的牌。不過由於
是司掌內心的花色，因此表現出由於驚人的
事件而感到悲傷，無法冷靜審視整體情況的
模樣。

寶劍三

寶劍九

聖杯五

〈聖杯二〉、〈戀人〉、〈節制〉

〈聖杯二〉與〈節制〉的共通處在於畫了兩個杯
子，而〈聖杯二〉與〈戀人〉都同樣畫了一對
男女。

三張都是意謂著與人之間的接觸的牌，而〈節
制〉則顯示出更深的交流。即使與對方的意見
不合，也會融合自己或第三者的所有想法，以
導出最佳答案。

〈聖杯二〉則代表沒有反對意見，溝通順暢的
意思。

而〈戀人〉與其說是交換意見，更強烈具有心
情相通的意義。

聖杯二

戀人

節制

〈錢幣七〉、〈聖杯四〉

容易給人模糊或煩悶印象的兩張牌。解讀關鍵在於表情。
〈錢幣七〉中看著錢幣的男人，由於確實正視著感到不滿足的現況，因此暗示著今後會有所成長。而〈聖杯四〉中的男性閉著雙眼，呈現不正視現況也不思考解決方案，只是壓抑著情緒的狀態。

錢幣七　　　　　聖杯四

〈寶劍六〉、〈聖杯八〉

兩張牌都代表運勢轉換期，人物離去的背影也很相似。
〈寶劍六〉看似與寶劍一同前進，因此意謂著將現狀視為過程，繼續前進的模樣；而〈聖杯八〉則因為背對著八個聖杯離去，暗示著再也不需要繼續待在原本的地方。可說是會與事件的結束一同發生的轉變。

寶劍六　　　　　聖杯八

〈寶劍五〉、〈寶劍七〉

由於五是一個轉捩點，〈寶劍五〉暗示的是在面對巨大課題的混亂時，態度轉趨自我。此外還有一個特徵，根據您將自己帶入圖案中搶劍的人或是離去的人，解釋會隨之改變。
由於〈寶劍七〉是表現糾葛的數字七，因此不僅意謂著在暗地裡策劃狡猾的事，也暗示了與良心交戰。

寶劍五　　　　　寶劍七

沒繪製人物的小阿爾克那
數字一很難解讀

➡

試著與其他花色作比較

小阿爾克那大多是描繪人物日常生活的牌，因此只要將自己帶入圖案中的人物，或將表情作為解釋的資訊，就很容易感到親切，並容易解讀。

不過，相對地，若要解釋沒繪製人物的數字一，就會感到傷腦筋了。

在這時候，請回想起「數字一都是以最為純粹的形式呈現出花色意義的狀態」這個基礎。聖杯因為對應著「愛」，因此

只要以元素的關鍵字為基礎來聯想，比如說真心誠意、共鳴、沉穩的舉止……等等，應該就會覺得解釋起來出乎意料地自由而容易。

此外，請試想看看，在提出同樣的問題時，如果出現了其他花色的數字一，解釋會如何改變。

藉由與沒有出現的牌作比較，或許也會更容易解讀。

請試著從關鍵字聯想

權杖	錢幣	寶劍	聖杯
生命力、熱情、行動力	物質、財產、豐饒	智慧、言語、策略	感情、愛、情緒

權杖	錢幣	寶劍	聖杯
◆ 首先著手行動	◆ 富翁	◆ 知識分子	◆ 營造氣氛
◆ 有氣勢	◆ 以事物誘惑	◆ 試著化為言語	◆ 銘記在心
◆ 氣氛熱烈	◆ 價值	◆ 避免浪費	◆ 充滿溫柔
◆ 聲音很大	◆ 類型豐富	◆ 誘導	◆ 穩定狀態
◆ 運動型	◆ 明確可見的成果	◆ 學習	◆ 獲得共鳴

請試著解讀數字一的牌

Case 1 | 該選擇怎樣的廣告
來讓新產品受歡迎？

錢幣一

由於出現代表物質的〈錢幣一〉，顯示只要提示使用新產品所能獲得的具體好處，似乎就能獲得支持。而其他花色可以這樣解讀：如果出現聖杯牌表示要選擇能引發共鳴的廣告；出現寶劍牌就表示要選擇標語令人印象深刻的廣告；出現權杖牌則表示要選擇跟上現在流行的廣告。

Case 2 | 想在出於興趣而開始練習
的網球比賽中獲勝！

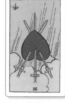

過去　　　　　現在　　　　不久後的未來

「過去」位置的〈死神〉暗示著比賽落敗，並發誓下次要取勝。「現在」位置為〈寶劍三（逆位）〉，代表無法如預期般進步而感到煩悶。在「不久後的未來」位置，出現的如果是〈權杖一〉就代表著獲勝，但出現的是〈聖杯一（逆位）〉，或許代表的是即使無法取勝，仍因勇敢奮戰而開心落淚。

P O I N T

從沒有出現的牌來解讀的技巧

從「沒有出現的牌」來解釋，是也能應用在其他牌上的技巧。

以二選一的牌陣為例，在 A 與 B 兩間想前往任職的公司中作選擇。這次唯一沒有出現的花色為錢幣牌，既然沒有出現代表財富的錢幣，或許能解讀為收入因為這次任職而大幅提昇的可能性很低。此外，從沒有出現繪製著男性的牌這點，也可以解讀成是有較多女性員工的職場。

選項 A

提問者的態度

選項 B

如果出現感覺明顯
不準確的牌時該怎麼做?

➡

關鍵是解讀到底的「堅持」

在占卜時,經常會發生覺得占卜結果「摸不著頭緒」、「覺得出現了明顯錯誤的牌」的情況。

此外,也會遇到「無論如何都搞不懂塔羅牌想說什麼」的情況。

當不知道該如何處理這種牌、覺得與占卜內容沒有關聯、出現明顯與自己的心情或願望相異的牌,或是直覺感到討厭的牌時,就很容易想停止解讀吧。

不過,這時請別先認為「是不是有錯!」、「一點也不準確!」,而是先試著懷疑自己,心裡真的沒底嗎?

或許關於這個問題,您本身有沒察覺到或是看不見的事情,塔羅牌正是要告訴您這一點。請認為愈是出現無法解讀的牌,就必須愈努力堅持到底,這麼一來,前方一定會存在您還沒看見的答案。

請稍微擱置一段時間

在出現不明白意義的牌時,就算不堅持當場找出答案也無妨。在您煩惱的時候,會因為滿腦子都是那件事,而無法客觀地審視狀況。這時候稍微擱置一會兒,或許反而會看得見重要的事情。這時候您可以先將牌陣照下來或記下來,並將這樣的牌記在心上。

這麼一來,您或許就會在日常生活中突然有了頭緒,或是「搞不好是這麼回事!」地獲得靈感。只要別因為搞不懂而置之不理,或是裝作沒發生過就好。

您是否正在逃避問題?

為什麼會覺得不準確呢？這搞不好是因為您遺漏了些什麼，或者是因為不願承認，而下意識從某些事物上別開了視線。

這時候的重點是請別抗拒地認定「不可能如此」。在面對面鑑定時，我如果指出當事人不想正視的現實，的確有人會心生抗拒，不過如果這樣下去，無論經過多久狀況都不會改變，問題也不會因此解決。人非聖賢，因此沒有人能夠接納一切。重點是正因為如此，才會需要借助塔羅牌來克服這個問題。

如果出現無法解讀的牌，請不要加以否定，首先請試著接受「原來如此，或許也有這種可能性」。請以平靜的心情試想「如果這張牌所說的事是準確的，究竟是怎麼一回事」。

只要將這份堅持發揮在解牌上，不僅會因此減少無法解讀的牌，也能將您本身的弱點一一克服。

當牌陣與塔羅牌之間有著落差時

比如說，在「期望」的位置上出現了明顯不希望出現的壞牌或逆位牌，或是在「障礙」的位置上出現了積極正向的牌。當遇到這種牌陣與塔羅牌之間有落差的情況時，您會不會停止解讀呢？

在這種時候，不必硬是選擇正逆位，請試著只解析「這個位置出現這張牌」的事實就好。如果在「期望」位置上出現壞牌，可能是因為您表面上雖然希望如此，內心卻懷抱著不安或抗拒，認為如果真的如此該怎麼辦？也有可能是願望過於強烈，導致好感轉變為憎惡等強烈情感。

而出現在「障礙」位置上的好牌，或許可以解釋成提問者所擔憂的問題並不存在，或是狀態過佳反倒成了妨礙。

請試著根據問題內容或當下的直覺來判斷吧。

當出現無論如何都無法解讀的牌時，希望能獲得提示！

並不是「重抽」，而是「加抽」

塔羅牌的基本規則是「不能針對同一個問題重新抽牌」。為什麼不行，是因為這麼做會使自己與塔羅牌之間的信任關係瓦解。一旦懷疑塔羅牌的正確性，之後無論占卜什麼都會養成「當作剛才的牌沒發生過」這種重新占卜的習慣。

正因為如此，同樣的問題請只占卜一次，並好好珍惜這份認真與專注力。當然隨著時間過去，狀況有所改變時再重新占卜就沒有問題了。

不過，雖然不能「重抽」，卻可以「加抽」。當您覺得「因為無法解讀這張牌，我需要提示」時，您可以為了尋求建議而加抽一張詢問「這究竟是怎麼一回事？」這叫作「建言牌」。

與塔羅牌相關的事情，就要詢問塔羅牌。請藉由好好運用建言牌，以作出更好的解析為目標吧。

在這種時候，請試著加抽一張牌

如果出現怎樣也解不出來的牌時，請試著加抽一張牌詢問「這張牌究竟代表什麼意思？」，並以抽出的牌作為線索，進一步解讀。

在展開牌陣，出現難以得出明確意義的牌，或是在鑑定結束時，最後詢問「關於這個問題，該採取何種態度？」等時候，也可以抽一張建言牌作為占卜的總結。

如果只有一張牌仍沒有頭緒，再次詢問「這是什麼意思？請給我提示」並加抽幾張也無妨。這麼一來，解讀過程就會一口氣順暢許多。

請試著活用建言牌

Case 1 | 為什麼完全沒有新的戀愛邂逅？

出現在「過去」、「現在」、「不久後的未來」位置的牌全是逆位，這點令人有些在意。可能是雖然想談戀愛，心情卻顯得不太積極。

出現在「障礙」位置的〈寶劍七〉，指的是「暗中策劃的人」。為了判斷這究竟是指誰而加抽了建言牌後，得到的是〈審判〉，這表示前任對象有可能想引發什麼事件。「建言」位置的〈聖杯八（逆位）〉帶有再次挑戰的意義，因此妨礙自身新戀情的，或許是自己希望破鏡重圓的願望也說不定。

 過去

 建言牌

 最後預測

 現在

 成為障礙的事物

 不久後的未來

 周遭（或是對象）的狀況

 建言

Case 2 | 該如何選擇未來出路？

提問者正在思考跳槽。這裡採用從「二選一」延伸的牌陣，從現在職場的 A 公司、跳槽候選的 B 公司，以及自由業三者中作選擇。「提問者的態度」為〈錢幣十（逆位）〉，代表長年持續至今的工作似乎對自己造成負面影響；而跳槽候選公司為〈力量〉，儘管不能鬆懈，但似乎能獲得許多；而自由業的位置則為〈錢幣六〉，意指平靜的生活。「究竟該以何種基準來作決定？」根據這個問題抽了建言牌後，得到的是〈魔術師〉，這傳達的是「展開全新事物」的訊息。如果也注意到出現的是大阿爾克那牌這點，選擇 B 公司似乎相當有前景。

 建言牌

 A 公司

 B 公司

 自由業

提問者的態度

加上其他占卜方式，
令解讀更有彈性

　　除了塔羅牌以外，還有許多利用偶然性進行的占卜方式，藉由接觸其他事物，可以讓世界更為寬廣。

　　在這些占卜之中，盧恩字母可說是與塔羅牌契合度佳的方式之一。盧恩字母指的是在北歐神話中登場的古代文字，由於古代是刻在木板上，因此是以簡單的直線構成，每個字母都有其象徵性的意義。

　　而散發著神祕氛圍的探測術也是很受歡迎的占卜方式之一。像這樣與其他占卜方式結合，設計出有原創風格的鑑定方式應該也很不錯。

盧恩字母

現在市面上也有販售雕刻了盧恩字母的石頭，可裝在袋子裡以隨機方式取出一個來占卜。在日本普遍使用的盧恩字母為24個字母的「古弗薩克文（Elder Futhark）」。「贈禮」、「人類」、「馬匹」等，有各式各樣的意義。除此之外，市面上也有販賣盧恩字母牌。

探測術

藉由稱作「靈擺」的擺墜動作來占卜。針對問題，如果答案為「YES」會順時針旋轉，為「NO」則會逆時針轉個不停。如果在使用了塔羅牌的「二選一」占卜後，仍難以決定究竟要選擇哪個時，加上探測術占卜，應該就能作出更有深度的鑑定。

Chapter 4

高階篇

學會種類更豐富的塔羅牌解讀方式，
並能替他人占卜。

一邊享受，一邊增加
導出的解釋

如果感覺到制式化，
重要的是換個作法

　　一旦習慣塔羅牌占卜後，就很容易發生解讀內容千篇一律的情況。在占卜了許多次後，眼睛逐漸習慣了塔羅牌，而變得只能想像出同樣的詞彙，這種事十分常見。

　　揭開牌陣時的愉快、悲傷或意外等內心的反應逐漸減弱，也是變得制式化的跡象。習慣了塔羅牌，變得熟悉雖然是件好事，但習慣卻往往伴隨著也無趣。

　　解除制式化的訣竅有兩種，那就是改變作法，以及努力增加導出的解釋。

　　在〈Chapter 4　高階篇〉中，將會傳授改變牌的張數、使用複數牌陣、搭配其他占卜等，能夠一邊享受一邊磨練解析技巧的訣竅。

推薦改變塔羅牌張數或
替牌陣增添變化

　　作為改變作法的方法，最直截了當的方式就是改變使用塔羅牌的張數。小阿爾克那的每種花色都有各自的擅長領域，因此至少能用10張牌來占卜。只用一個花色做占卜不僅能變得更簡單好用，還能加深對小阿爾克那的理解，成為更熟悉那個世界的契機。

　　除此之外，也可以從牌陣著手。可藉由搭配複數牌陣占卜一

個問題，試著從各式各樣的角度來解釋。此外，也建議設計原創牌陣。也能自行設定容易從心中導出話語的問題。

此外，藉由連結小阿爾克那宮廷牌的元素，或是將數字牌視為故事的一幕，以增加導出的解釋，這點也十分重要。

由於塔羅牌占卜與西洋占星術也有緊密關聯，因此從西洋占星術的角度研究解讀方式也是個好主意。即使只有這樣的知識，也能令判斷解釋的素材變得更豐富。

<h2 style="text-align:center">替人占卜時，
就是邂逅新解釋的好機會！</h2>

為了增加導出的塔羅牌解釋，還有一件希望您務必實踐的事，那就是面對面替人占卜。您或許會認為自己才剛開始學習，沒有辦法替人占卜，不過替人占卜有許多好處。

如果說塔羅牌的答案出自您本身，那麼接觸他人的煩惱或價值觀，也能協助您本身成長，這與提昇解析能力息息相關。請在展開牌陣時觀察對方的反應，並試著詢問：「這張牌給您怎樣的印象？」或許會因為對方出乎意料的反應或話語大吃一驚喔。

藉由塔羅牌讓您與想法或生活方式都跟您截然不同的人接觸，是能夠增加解釋廣度，解除千篇一律的機會。即使從未替自己以外的人占卜過也不用擔心，本章也會介紹替人鑑定時的建議。

想得到關於戀愛、工作、財務上
更精準的答案！

➡️

活用數字牌

只用22張大阿爾克那牌占卜，其實會比使用78張牌還要困難。因為每一張牌看起來似乎都很重要，反而難以聚焦。這時候，希望各位更靈活運用小阿爾克那的數字牌。

了解數字牌的訣竅，其實在宮廷牌上。在西洋命運學的世界，萬物可區分為火、地、風、水四大元素。我曾經說明過，四種花色分別為權杖（火）、寶劍（地）、寶劍（風）、聖杯（水），不過宮廷牌也能以這四大元素加以分類——也就是侍者（地）、騎士（風）、王后（水）、國王（火）。

換言之，將「錢幣（地）」的數字牌視為「侍者（地）」的故事來聯想，就會非常貼切。

請試著用10張數字牌占卜各元素擅長的主題。單是如此，應該就能加深對小阿爾克那的了解。

請試著用元素掌握宮廷牌

侍者、騎士、王后、國王四種宮廷牌，階級本身也能也能以元素分類。

無關花色，侍者本身就與地之元素相應。換言之，如同「寶劍（風）侍者（地）」一般，每張宮廷牌中會包括兩種元素（如果是同一種元素時就只有一種）。

因此對應地之元素的錢幣數字牌，也能視為侍者的故事來解讀。野心勃勃的國王為權杖，與人互相理解的王后為聖杯，策馬前進的騎士則為寶劍的故事。

宮廷牌	元素	花色
國王 ⬌	火 ⬌	權杖
王后 ⬌	水 ⬌	聖杯
騎士 ⬌	風 ⬌	寶劍
侍者 ⬌	地 ⬌	錢幣

請將宮廷牌與花色組合，形成故事

侍者 × 錢幣

身為下人的侍者，是個在這世界上還沒有任何成就的，初出茅廬的存在。從學習技能並自立更生，賺了錢後建立家庭，再將財產傳給下一代繼承為止的過程，都能夠以錢幣牌組的故事來加以敘述。

騎士 × 寶劍

騎乘馬匹、身披鎧甲朝著目的地前進的騎士，是以自己的思考為根基，試圖在世界上一展身手的存在。時而與人起衝突，失去自信或內心糾葛，同時自身也有所成長，這就是寶劍牌組所描繪的騎士故事。

王后 × 聖杯

王后具備身為母親的一面，無論是何種花色，其內心都是充滿深厚愛情的存在。想守護心愛的人事物，想與某人心靈相通的想法到實現為止的過程，就是聖杯牌組所描繪的王后的故事。

國王 × 權杖

身為一國之君的國王，是保護國家、統率眾人的存在。有時與他國戰爭，一邊為了守護自己的立場而擊潰敵人的同時，還持續挑戰以擴增領土或資產，這就是權杖牌組所展現的國王的故事。

請將權杖牌組視為國王的故事

產生試圖為王的野心

思索身為國王，
應該朝哪個方向
前進

朝著目的地
踏上旅途

成功取勝，
獲得陣地

之後也陸續產生
領地紛爭

為了守護獲得的
地位而戰

獲得勝利，
抬頭挺胸地凱旋

事物快速發展

保持警戒，並以
萬全態勢守護著

肩負責任等重擔

權杖代表著「熱情」與「野心」。故事從
起初還是個初出茅廬的年輕人的國王，心
生想治理一個國家的目標展開的。請試著
想像接下來，他在歷經戰爭並獲勝的喜悅
等事情，以國王身分逐漸成長的過程。在
獲得領地與應該守護的事物後，受到覬覦
那份地位之人的追擊並加以防禦，甚至描
繪出幾乎被壓力擊垮的內心。

請試著占卜這類事情

權杖牌組所擅長的領域，是傾注了熱情所處理的事情之結果。

為了實現夢想該做的事情、如何掌握機會、考試或比賽等與勝負相關的內容，都非常適合以權杖牌組占卜。在工作中，需要動腦的事、議論或價值觀之爭則屬於寶劍牌組的範疇。只要是「戰鬥並取勝」的意義濃厚的事情，都可以試著用10張權杖牌來占卜看看。

而與幹勁、動機相關，或是健康與體力相關的問題，也相當適合用權杖牌組占卜。

問題範例

◆ 今天該如何準備證照考試的學習內容？

◆ 這次的甄選結果將會如何？

◆ 工作提不起幹勁的原因為何？

◆ 簡報應集中火力在A方案還是B方案？

◆ 該怎麼做才能贏過情敵？

Case 1 | 下週的證照考試應該注意什麼？

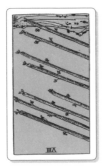

權杖八（逆位）

出現的牌是氣勢如虹地前進的〈權杖八〉逆位。暗示著事情無法順利進展，將會停滯不前。或許會因為被捲入交通阻塞等情況，而無法順利抵達考試會場。或是被難題卡住而停下手邊的動作，因此可以解讀成應該從會寫的地方繼續寫下去。

Case 2 | 為什麼最近有點沒精神？

權杖十

出現的牌是肩負重擔的〈權杖十〉。直接解讀的話，就是揹了太多工作。從繪製了好幾支權杖看來，造成壓力的原因或許不只一個，而是有複數原因所導致。因此可以解釋成「或許最好暫時將所有事情放下，好好休息」。

請將錢幣視為侍者的故事

開始一點一點地
學會技能

試圖確實守護住
自己賺得的錢

下定決心自己賺錢

利用不多的本金運作

失去財產，嚐到
飢餓的滋味

思索著這樣就
足夠了嗎？

再度踏實穩健地努力

捨棄驕矜自滿的心

藉由構築的地位或
財富獲得自信

以獲得的財產為基礎，
建立了幸福的家庭

錢幣代表的是「技能」，以及透過技能獲
得的「物質或財富」。描繪了起初一無所
有的下人，雖然不夠成熟仍順利經營，習
得技能並賺得財富，最後建立了美好的家
庭的過程。到中途只想著明哲保身卻失去
一切，明白慷慨施予的心，雖然已經有了
充足的財產卻仍感到不滿足等，也能將之
聯想為物質或財富的往來方式。

請試著占卜這類事情

由於錢幣牌組代表的是金錢或物質，因此很適合用來占卜財運好壞、收入增減、贈禮或賭博、購物的結果、事物的下落等事。

「是否該入手」、「該怎麼才能獲得更好的事物」等「擁有」意義濃厚的事情，都可以試著用10張錢幣牌組來占卜看看。由於技能也被視為一個人固有的持有物，因此與工作或學習事物等提昇技能有關的事，也很推薦使用錢幣牌組占卜。

除此之外，考量到身體也算是一種持有物，所以關於更好的健康方式或美容等事，同樣也可用錢幣牌組占卜看看。

問題範例

◆ 該怎麼做才能存更多錢？

◆ 下個月的銷售額會如何？

◆ A化妝品與B化妝品，我該買哪一款？

◆ 哪間店舖會有我想要的洋裝？

◆ 小提琴一直無法進步，原因為何？

Case 1 | 該怎麼做才能增加薪水？

錢幣十（逆位）

由於出現的牌是意謂著「繼承」的〈錢幣十〉逆位，暗示著他繼承了不好的習慣。或許是工作的推進方式上，或在管理金錢上有太多浪費。如果著眼於牌面上繪製了家庭一事，或許可以解讀成職場雖是個像家一樣的環境，卻因此使得效率不彰。

Case 2 | 找不到的文件在哪裡？

錢幣七（逆位）

如果聚焦於堆滿錢幣的山，或許可以聯想到「混在堆積如山的文件中」。而如果著眼於腳邊那枚錢幣，也能解釋成「遠在天邊，近在眼前」。請別受到牌義束縛，也從圖案自由地想像吧。

請將寶劍視為騎士的故事

產生自己的想法
或價值觀

夾在兩種相左的
想法中而苦惱

自己的想法遭否定
而受傷

為了療傷並重新思考
而休息

心存懷疑，試圖欺

窺取他人想法，
自我偽裝

陷入僵局，
摸索新的價值觀

聽不進別人的意見

對於自己至今所做的
事感到後悔

捨棄自己的想法，
重獲新生

寶劍代表的是「思想」，以及從中孕育而
生，屬於那個人的「價值觀」。請試著想
像抱持「我是這麼想的」這種意見，並根
據這點與許多人爭論，想藉此證明自己的
正確的騎士故事。這麼一想，有時受到傷
害，遭人欺騙，偽裝自己，固執己見而封
閉在殼中之後，所造訪的〈寶劍十〉，也
可以解讀為思想意義上的死亡（承認自己
的錯誤）。

請試著占卜這類事情

由於寶劍牌組代表的是思想或價值觀，因此很適合用來占卜自己的內心或煩惱。當感覺到陷入僵局，或是想自我審視時，使用寶劍牌組占卜的話，或許就能獲得提示。

同時，考慮到寶劍牌組為風之元素，因此也可對應話語及整體溝通交流的內容。當您想思考與人溝通上意見相左的原因、該如何解決麻煩時，還是斟酌能傳達給對方的說話方式或擬定生意上的策略之際，請試著運用寶劍牌組。此外也可以應用在工作的推進方式、想學習某些事情等所有需要動腦的事情上。

問題範例

◆ 煩惱個沒完……我的思考方式究竟哪裡有問題？

◆ 我和朋友吵架了，對方在想些什麼？

◆ 我惹對方生氣了！該怎麼道歉才好？

◆ 上司不讓企畫通過，該怎麼說服他才好？

◆ 最近與人起衝突的情況增加了，原因為何？

Case 1 | 與疏遠的朋友之間的關係會變得如何？

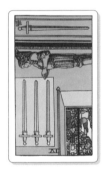

寶劍四（逆位）

由於出現了意謂「恢復」的〈寶劍四〉逆位，顯示已經恢復，並迎接重新啟動的時刻到來。兩人之間的關係似乎很快就會有變動，主動與對方接觸也行。由於主題為更進一步，以和以往不同的關係為目標似乎會不錯。

Case 2 | 情緒煩躁！原因出在我身上的什麼地方？

寶劍八

這張牌暗示著「我沒有錯」、「沒有人願意幫助我」的心情。換言之，原因之一或許是您有依賴他人的傾向，自己卻什麼也沒做。如果解讀這張牌提出的建言，或許是您需要察覺「作繭自縛」的情況。

請將聖杯視為王后的故事

心中湧現無償的愛

了解與他人分享的喜悅

了解與團體分享的喜悅

在幸福的日子裡，感覺到停滯與疑惑

失去愛而悲傷哀嘆

思考起自己真正追求的事物究竟為何

下定決心再次愛人而踏上旅途

回想從前那純粹的愛

獲得令人滿意的愛，感到滿足

與心靈相通的家人過著幸福的生活

聖杯代表的是「心」與「情感」。請試著作為「想與他人一同品嚐從心中產生的愛」的王后的心情聯想。在感覺分享愛的喜悅之後，突然產生倦怠感與不滿足感，而在失去之後才察覺其重要性，回想著「那時候真好」的過去……想必有許多人聯想到這樣的心情吧？〈聖杯九〉中讓自己獲得滿足的王后，在〈聖杯十〉中終於如願獲得了心愛的家人。

請試著占卜這類事情

由於聖杯牌組代表著心情，因此最適合用來占卜人心的狀態。只要在想打電話時，事先占卜情人的心情狀態，就能知道該以怎樣的情緒與對方聊天。不限於戀愛對象，也很適合用來占卜朋友、同事、家族等各種人際關係上的事情。

只要試著占卜看看與他人之間的關係，在從一到十的過程中位於那個階段，或許就能輕易搞懂關係的深淺程度。

因為聖杯牌組對應代表情感的水之元素，因此也能用來占卜「場地的氛圍如何？」。

問題範例

◆ 下週的聚餐應該注意些什麼？

◆ 單戀遲遲沒有進展……對方的心情是？

◆ 與分手的情人之間的關係，今後還會有發展嗎？

◆ 為了改善職場氣氛，我能做些什麼事？

◆ 我為什麼一直沒有好的戀愛機會？

Case 1 | 意中人對我的想法如何？

聖杯八

出現的是〈聖杯八〉，是意謂著事情告一段落的牌。雖然的確是迎接變化的時刻，但同時似乎也感覺到有些不足。搞不好對方感覺和您之間的關係沒有發展的可能，正打算尋找下一段戀情。如果您不希望如此，或許需要主動採取行動。

Case 2 | 今晚的同學會氣氛會如何？

聖杯十

顯示內心滿足狀態的〈聖杯十〉，暗示著這將會是一場愉快的同學會。氣氛似乎會很熱烈，大家紛紛舉杯對酌。您也能為了努力至今的自己感到驕傲，痛快暢飲。不過，如果這張牌是作為「建言」而抽到的話，或許也能解讀成「要小心別吃太多、喝太多」。

如果因為從占卜結果而產生新的疑問，該怎麼做才好？

⬇

試著組合牌陣

所謂的牌陣都各有自己的特徵，比如說了解時機、確認契合度、揭穿問題、分析深層心理等等。在展開牌陣後，如果出現了令人在意的內容，就接著以其他牌陣占卜看看吧。如果煩惱是「想跳槽」，就以「凱爾特十字」占卜，在分析了深層心理，了解自己為什麼會想從現在的公司辭職後，就可以接著以「時間之流」來占卜「如果確定要換工作，何時比較適合」。

在展開複數牌陣時，可能會出現完全相反的結果而令您感到不安也說不定。不過出乎意料地出現印象相似的牌，或是再次出現同樣的牌，而讓問題浮出檯面的情況也是很常見的。

藉由靈活運用複數牌陣，能幫助您切中問題核心，接下來，在本節中將會介紹能簡單運用的牌陣組合。

請試著注意連續出現的牌

在針對一個主題展開複數牌陣時，經常會發生出現同一張牌的情況。第一次出現在「對方的心情」位置的牌，在第二次中出現在顯示「目前狀況」的位置上，就可以解讀成對方的心境對現況造成了強烈的影響。

此外，如果在第一次的牌陣中出現許多張錢幣牌，第二次的牌陣中也在關鍵處出現了錢幣牌的話，或許可以解讀為「原因出在錢的問題上」。

如果第一次與第二次牌陣之間出現了11組牌，就請思考其中的關聯。藉由組合牌陣，能讓獲得的資訊一口氣擴增許多。

想接近問題核心時

在鑑定時，最常使用到的應該是「六芒星」
（P40）與「凱爾特十字」（P41）的組合。有時
會發生在「六芒星」中雖然能看到目前的關
係，但由於無法理解而接著使用聚焦於提問者
本身的「凱爾特十字」牌陣後，發現其實還隱
藏了截然不同的真心話的情況。
這是個適合深入發掘問題的組合，至於要先展
開哪個牌陣，可因問題內容而定。

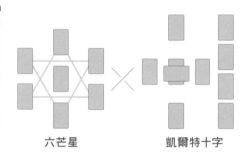

六芒星　　　　　　　凱爾特十字

Case 1 | 工作上很愉快，但對前景感到不安……

過去

對方的
心情　　　　　　　　提問者的
　　　　　　　　　　心情

最後預測

不久後的
未來　　　　　　　　現在

建言

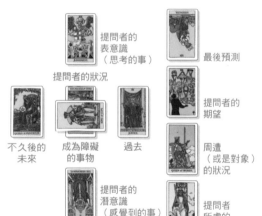

提問者的
表意識
（思考的事）　　　　最後預測

提問者的狀況

提問者的
期望

不久後的　成為障礙　過去　　周遭
未來　　　的事物　　　　　　（或是對象）
　　　　　　　　　　　　　的狀況

提問者的
潛意識　　　　　　　提問者
（感覺到的事）　　　所處的
　　　　　　　　　　立場

確認了與職場的契合度後，結果在「過去」與
「現在」的位置上出現了向前衝的牌，可以看
出至今為止都不顧一切地努力工作。不過出現
在「不久後的未來」的〈正義〉，則暗示作決
斷的時刻即將到來。「最後預測」的〈聖杯王
后（逆位）〉也顯示出迷失了投注愛情的目標。

與〈聖杯王后（逆位）〉成對的〈聖杯國王〉出
現在「障礙」的位置上，第一次出現在「不久
後的未來」的〈正義〉則出現在「過去」的位
置上。這表示至今為止或許一直在同樣的問題
上猶豫不決，而〈審判〉則暗示著正在思考這
次一定要換工作的事。

想改善人際關係時

「六芒星」(P40)可以在過去、現在、未來的時間軸上看出對方與自己的關係。而「心之聲」(P43)牌陣則能導出讓兩人之間的關係變得更好的方法。首先，先以「六芒星」理解兩人之間的關係如何，以擬定戰略掌握對方的心。如果將「心之聲」的內在改成「才能」，外在改成「行為舉止」，還能解讀自己在工作上獲得怎樣的評價。此外也能將「六芒星」的「不久後的未來」設定成「繼續這樣下去的未來」，「心之聲」的「不久後的未來」設定成「接納建言並採取行動後的未來」。

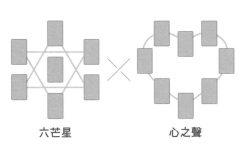

六芒星　　　　　　心之聲

Case 1

最近與在意的對象之間關係尷尬……

過去

對方的心情　　　提問者的心情

最後預測

不久後的未來　　現在

建言

對方的狀況　　　提問者的狀況

現在

對提問者的印象（內在）　　對提問者的印象（外在）

建言　　　　　對方的期望

不久後的未來

在「過去」位置上出現的〈死神〉，暗示著關係告一段落。而在「現在」位置的〈聖杯十（逆位）〉則代表停滯而不滿意的狀態，不過在「不久後的未來」上的〈寶劍四（逆位）〉，則顯示再次啟動的時間接近了。由於兩人的心情並不差，如同〈寶劍王后（逆位）〉所顯示的，只要避免尷尬，意識到向對方展露笑容就會很好。

對方在代表「提問者外在」的位置上出現〈權杖騎士〉，展現活潑且積極主動的態度，然而「內在」卻是〈權杖一（逆位）〉，代表沒有自信心，兩者間的反差或許會令人感到困惑。如同「建言」的〈權杖四〉所顯示的，只要出席類似家庭聚會，能自在無拘束的場合並展現真實的自己，就還有機會重修舊好。

想整理心情，展望未來時

這也是有煩惱時的標準組合。以整理思緒的「凱爾特十字」（P41）找出令內心煩悶的原因後，再以「時間之流」（P39）確認今後的展望。由於兩種牌陣之間容易產生某種連結，因此請仔細確認每一張牌，尋找是否有什麼共通處。也建議將兩種牌陣事先記錄下來，一邊比較一邊解讀。此外，要將順序倒過來，先以「時間之流」占卜整體運勢，再展開「凱爾特十字」占卜其中令人在意的內容也是 OK 的。

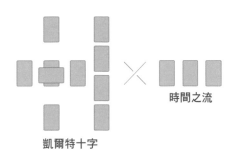

時間之流

凱爾特十字

Case 1 在工作上被與競爭對手做比較⋯⋯該如何改善狀況？

提問者的表意識（思考的事）

提問者的狀況

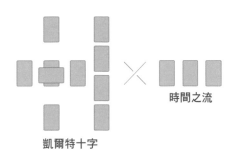
最後預測

不久後的未來

成為障礙的事物

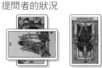

過去

提問者的期望

周遭（或是對象）的狀況

提問者的潛意識（感覺到的事）

提問者所處的立場

過去

現在

不久後的未來

〈錢幣八（逆位）〉、〈寶劍七〉、〈魔術師（逆位）〉、〈皇帝（逆位）〉等等，都暗示著提問者容易暗中運作，設法展現自己好的一面。然而整體來說，因為有許多繪製了寶劍的牌，代表只要基於正確的信念採取行動，狀況就會有所改善，這是〈審判〉所傳達的訊息。

「過去」位置的〈月亮〉代表著對競爭對手抱持的敵意。而「現在」則如〈寶劍八〉所顯示，您或許正感到受束縛，不過第一次也出現過的〈審判〉這時又出現在「未來」位置上。代表著只要執行第一個牌陣中的建言，復活與解放的時刻很快就會到來。

想比較選項並作出決定時

「二選一」（P40）牌陣能夠比較 A 與 B 等複數選項。如果出現大阿爾克那等強力的牌就很容易搞懂，不過如果並非如此，到頭來還是很容易陷入不知該如何選擇的情況。

在這種時候，就請試著分別根據每個選項加抽「單張牌」（P36），以確認選擇了該選項的未來會如何。也建議可以加抽牌來詢問「選項 A 或 B 該如何應對才好」。

二選一　　　　　　　單張牌

Case 1 | 明天有重要的會議，我該去參加喝酒聚會嗎？還是應該加班工作？

選項 A
喝酒聚會

提問者的態度

選項 B
加班

 選擇選項 A 的未來

選項 A 的
狀態
（契合度）　提問者的
態度

選項 B
的狀態
（契合度）

 選擇選項 B 的未來

將喝酒聚會設定為 A，加班設定為 B 進行二選一，結果兩個選項都出現了數字一的牌。

喝酒聚會為〈聖杯一（逆位）〉，代表可能沒辦法太盡興，或是會不小心喝太多。而加班為〈錢幣一〉，看來似乎能留下確實的成果。

這時再試著分別針對選項 A 與 B 加抽一張單張牌，以確認選擇兩者的未來。選擇喝酒聚會的未來為〈愚者〉。由於是顯示運勢難測的牌，代表可能會順利度過會議，但也無法預測會發生什麼事情。而選擇加班的未來則是〈錢幣王后〉，代表踏實的努力將會獲得評價。

想解讀更詳細的未來時

「黃道十二宮」（P42）適合用來占卜一整年的運勢，以及目前各方面的運勢。如果想更詳細了解各月份或各種宮位（P174）的運勢時，建議可以搭配「時間之流」（P39）使用。

以「時間之流」針對顯示戀愛的第五宮占卜，來確認過去、現在、未來的運勢發展也是不錯的方式。此外，如果在意出現在三月的牌，也可以用「時間之流」詳細確認到時可能會發生什麼事——大致上就是這樣的作法。

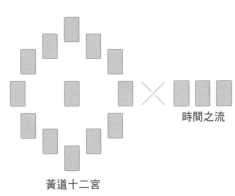

時間之流

黃道十二宮

Case 1 | 我目前的運勢，尤其是戀愛運如何？

職務、名譽
希望、夥伴
旅行、理想
下意識、競爭對手
繼承事物、性愛
提問者、性格
夥伴關係、婚姻
金錢、所有物
最後預測、建言
工作、健康
知識、溝通
戀愛、娛樂
家庭、親戚

過去　　　現在　　不久後的未來

從第一宮到第十二宮，展開了目前所有方面的運勢。其中，顯示提問者所在意的戀愛運的第五宮，出現的是〈錢幣王后〉，暗示著容易發生與結婚有關的狀況。而在顯示婚姻運的第七宮為〈權杖九〉，也表示已經做好了萬全的準備。

接著以「時間之流」確認關於第五宮所顯示的戀愛運內容。在「過去」位置的〈聖杯六〉，代表或許受到過去的情人束縛。「現在」的〈寶劍二〉則代表心情逐漸轉往新的戀情，「未來」為〈錢幣二〉，因此雖然不會有戲劇性的發展，不過似乎能找到可一同輕鬆度過愉快時光的對象。

想使用最適合問題的
占卜方式

➡

試著自己創造牌陣

如果覺得普通的占卜方式有些不足，或是已經進步到還想從各種角度深入發掘問題時，我也建議可以自己創造原創牌陣。

所謂的牌陣，是針對一個主題，以「過去如何？」、「成為障礙的事物為何？」、「周遭環境如何？」等方式，將各種切入點的問題設為條目。因此設定牌陣一開始的步驟，就是設定條目。除了標準內容外，請試著重點式地設定「契合度」、「對方的祕密」等令您在意、特別想深掘的內容。

再來是根據條目個數，來決定展開牌面的圖樣。設定為心型，還是螺旋形……也可以同時思考排列順序。

最後再來決定名稱。您可以根據形狀想像命名為「螺旋牌陣」，或是以自己的名字或適合占卜的主題來決定。

請試著改造牌陣

如果您覺得要從零開始思考新牌陣的難度很高，可以先試著從改造本書中介紹的基礎牌陣開始。

如果相關人士有兩人，就可以在「對象」的位置擺上代表「A」、「B」的兩張牌；如果已經決定了「不久後的未來」的具體時期，也能設定為「兩個月後」、「三個月後」。

說到底，所謂的牌陣是為了方便占卜而存在的，您大可改造成令自己容易解讀的排列方式。請不要受到規則束縛，隨心所欲地運用。

挑戰原創牌陣

作為範例，在這裡試著思考使用三張牌的牌陣。想設計成了解該抱持何種想法、該採取何種行動的「意識、行動牌陣」也可以；想創造配置成頒獎臺般的形狀，占卜比賽第一名、第二名、第三名的「頒獎臺牌陣」也無妨。想像力、創造力與品味都能發揮其作用，請您也試著思考充滿魅力的牌陣。

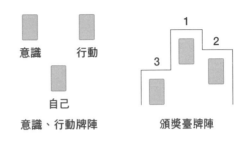

Case 1 | 關鍵人物牌陣

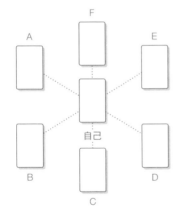

用喜歡的牌數占卜自己與周遭人們的契合度

這個牌陣是以自己為中心，將身旁的人設定於各個位置上，並藉由抽出的牌來占卜與對方之間的契合度，以及誰能成為對自己而言的關鍵人物。由於隨時可以增減人數，因此能對應各種團體。

Case 2 | 改善關係牌陣

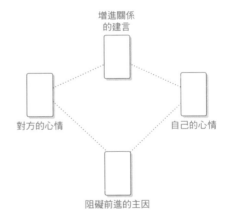

訣竅在於配置成看到後容易想像的形狀

這個牌陣是以四張牌導出如何改善與他人之間關係的建言。左右兩側為自己與對方的心情，前方為增進關係的建言，後方則為扯後腿的事物——以這樣的配置方式，讓人從位置就能輕易想像出意義。

有什麼能提昇
占卜準確度的密招嗎？

試著結合塔羅牌與占星術

藉由以擅長的部分彌補不擅長的部分，會更容易開闢道路。西洋占星術對於學習塔羅牌很有幫助。在鑑定時，似乎也有不少人會將黃道十二宮與塔羅牌合併運用。由於這兩者的世界之間有所聯繫，如果同時學習兩者，會幫助您更有效率地加深理解。

比如說，卡巴拉神祕學使用的「生命樹」，就與占星術相對應。將這點與塔羅牌結合的，是法國的神祕學家艾利馮斯·李（Eliphas Levi）。他將當時尚未被發現的天王星、海王星與冥王星分別以風、水、火對應，在本書中則配合現代的內容，將天王星＝〈愚者〉、海王星＝〈吊人〉、冥王星＝〈審判〉來解說。而作

為恆星的太陽，在塔羅牌中也直接對應〈太陽〉，不過月亮則對應〈女祭司〉，塔羅牌中的〈月亮〉對應的是雙魚座，這也是很有趣的地方。

塔羅牌與天體、星座的組合，常會出現令人恍然大悟的地方，司掌知性的水星，在塔羅牌中則對應〈魔術師〉。如果是曾經學習過西洋占星術的人，應該會浮現溝通能力、情報收集、敏捷性等詞彙吧。只要將這些詞彙應用到〈魔術師〉上就行了。

請了解天體、星座與塔羅牌之間的關聯，共享兩個世界中的豐富性。

十大天體與塔羅牌相對應

令內心感到豐富

司掌內心的月亮，與〈女祭司〉的精神性相通。以冷靜的內心思考，就會使精神上變得豐富。在心中描繪的理想會成為心靈寄託，產生堅定不移的精神。也請注意〈女祭司〉腳邊的月亮。

月亮

女祭司

以生命力掌握勝利

照亮萬物的強大〈太陽〉，就是生命能量本身。意謂著顯示自身的存在、幹勁或活力。正因為是靠自身力量掌握的喜悅，才適合稱作成功。實現目標的過程也是一種樂趣。

太陽

太陽

知性與溝通

水星以羅馬神話人物墨丘利命名，司掌交易、旅行以及相關的溝通交流。其精明與聰穎，與能夠隨心所欲掌控一切的〈魔術師〉相通。能靠創造力化不可能為可能。

水星

魔術師

用愛與美制服世界

金星為象徵愛與美的維納斯，可說是代表愛的〈女皇〉本身。〈女皇〉身旁的盾牌上，也繪製了金星符號。無論面對何種攻擊，美麗的〈女皇〉都會用愛來面對。

金星

女皇

擊潰一切的力量

火星的語源取自古羅馬軍人瑪爾斯之名，意謂著戰鬥所需的力量。而要破壞〈高塔〉，需要多強大的力量呢？想必是一擊中就會粉碎的驚人破壞力吧。

火星

高塔

顯示吉兆的幸運之輪

木星的語源取自象徵勝利或正義之神朱庇特，與幸運有所關聯。那或許是命中註定的幸運，就如同命運之輪一般，會盡可能地將人導向命中注定的幸運。

木星

命運之輪

經年累月累積的完成

土星的名稱取自羅馬神話中的薩圖恩努斯，象徵時間與社會秩序。與花費時間構築的〈世界〉在代表著完成這點上是相通的。雖然是被稱作考驗的土星，但也正是因此才能有所成就。

土星

世界

不知道會發生什麼

其他行星的語源均是取自羅馬神話，但只有天王星是取自希臘神話中的神祇烏拉諾斯。如同不受任何事物束縛、自由的〈愚者〉的可能性為未知數般，無論發生任何事都沒什麼值得訝異的。

天王星

愚者

在寂靜中擴展的創造性

海王星的語源取自海神涅普頓，象徵著想像力。這點與吊起身體尋求靈感的〈吊人〉相通。在靜止狀態下產生的想法，就像海洋的恩惠。

海王星

吊人

暗示靈魂的甦醒

冥王星的語源為地下世界與死亡之神普路托，象徵著極限。從目前的姿態中獲得釋放，並邁向全新階段的〈審判〉，與從迎接極限的現況中選擇下一條道路的意義上是相通的。

冥王星

審判

十二星座與塔羅牌相對應

立於頂點，領導萬民

〈皇帝〉所坐的王座扶手上刻有牡羊雕像。如同在十二星座中第一個登場的牡羊座，〈皇帝〉也是立於頂點率領眾人的人物，會構築並維護自己的社會。

牡羊座

皇帝

追求內心平靜

追求安心與平靜的金牛座，與將人心導向安心與平靜的〈教皇〉。在道德規範上成立以體貼心情與溫柔締結的關係。要維持道德與倫理，需要信任對方與心靈上的富足。

金牛座

教皇

你與我，成對的兩人

代表著兩個人的雙子座與〈戀人〉。不限於雙胞胎，也代表如同雙胞胎般感情融洽的兩人，只要在一起就會十分愉快的關係。這點也與雙子座輕鬆的待人接物態度相通。

雙子座

戀人

為了守護而戰的母愛

象徵母愛的巨蟹座，擁有為了守護心愛之人而捨命戰鬥的戰士之魂。充滿勇敢挑戰的〈戰車〉般的能量，那是朝著相信的事物前進的能量。

巨蟹座

戰車

POINT

該如何應用占星術的知識？

了解塔羅牌與占星術的關聯，會有什麼好處呢？第一點是能增加鎖定人物的線索。如果想了解的對象是牡羊座，在牌陣上的某處出現了〈皇帝〉，就可解讀成那代表著對方本身。如果在占卜讓工作順利進展的關鍵人物時出現了〈戀人〉牌，也可以解釋成「要注意雙子座的人物」。

在小阿爾克那中，權杖牌組對應火象星座（牡羊座、獅子座、射手座），錢幣牌組對應土象星座（金牛座、處女座、摩羯座），寶劍牌組對應風象星座（雙子座、天秤座、水瓶座），而聖杯牌組則對應水象星座（巨蟹座、天蠍座、雙魚座），因此應該可以從中獲得提示。

如果是更高階的使用者，在展開黃道十二宮牌陣（P42）時，在各宮位出現對應天體的牌時，還能帶入占星術的解讀方式。比如說，「代表戀愛的第五宮出現〈女皇（金星）〉，所以受歡迎度會增加」、「代表地位的第十宮出現〈愚者（天王星）〉，暗示著職業上會出現變化」等。只要能夠順利相結合，導出的詞彙表現力就會愈豐富，也能增加解析的深度與廣度。

以不屈不撓的精神堅持到最後的力量

描繪了獅子姿態的獅子座，與馴服獅子的女性的〈力量〉。身為百獸之王的地位，單靠蠻力是無法維持的，還需要源自於積極正向的態度、高尚與不屈不撓精神的本質上的力量。

 獅子座

 力量

累積各種智慧的賢者

處女座擁有優秀的洞察力。如同處女之名，個性細膩，會注意到其他人沒有察覺的細節，並追求完美的理想。這點與歷經眾多經驗而累積了智慧的〈隱士〉的探究心相通。

 處女座

隱士

雙方都需要平衡感

在〈正義〉中的法官手持代表公平性的天秤，正是代表天秤座的主題本身。構築起毫無偏頗、圓融人際關係的社交家天秤座的平衡感，也是〈正義〉的法官不可或缺的因素。

 天秤座

 正義

以其毒性引人邁向死亡

天蠍座的象徵是帶有致命毒針的蠍子。由於被牠刺中的獵物也會拚命抵抗，兩者都會處於拚命狀態。無論〈死神〉會造訪哪一方，都是命中註定，是無法中途停止的狀態。

 天蠍座

死神

對不同意見也抱持開放態度

司掌高度學問的射手座，會一邊學習感興趣的事情，一邊擴張知識範圍。會交換不同的意見，並將所知與學習相結合。〈節制〉則給人確認反應後作調整的印象。

 射手座

 節制

追求身分地位的無盡野心

〈惡魔〉所描繪的是有著山羊姿態的巴風特。摩羯座那必須以社會頂點為目標的自負，或許是惡魔的詛咒。由於追求身分地位，反而束縛住了自己。

 摩羯座

 惡魔

開拓未來的希望之力

〈星星〉中描繪的女性，雙手捧著一只水瓶，正是代表水瓶座的主題本身。無論何時都以嶄新想法令周遭折服的水瓶座，永遠都懷抱著希望。這點與〈星星〉意謂的「希望」相通。

 水瓶座

 星星

一切模稜良可，沒有實體的世界

〈月亮〉所描繪的是出現了螯蝦這種生物的場景。在水裡應該有許多如同雙魚座代表的魚類或其他未知生物蠢動著。這是個不知道究竟會出現什麼、何種生物、是否有實際姿態的神祕世界。

 雙魚座

 月亮

29

黃道十二宮牌陣要解讀的內容很多，
容易流於模稜兩可

⬇

了解宮位的意義

黃道十二宮牌陣能同時占卜戀愛、工作、健康等十二種運勢。雖然非常方便，但也常導致人們沒有深入解讀每項內容，只是淺嚐即止。

「為什麼會將工作運與健康運放在一起？」或許也有人會抱持著這樣的疑問。

這種不可思議的十二種分類方式，是以西洋占星術的黃道十二宮（星座配置圖）的劃分法為基礎。

西洋占星術會以從地球看見的各天體位置來判斷吉凶，而作為測量位置的基準之一就是「宮位」。所謂的宮位，是將圓形的星座圖分為十二個房間，第一宮對應自己本身，第二宮對應財富等，司掌人生中各式各樣的領域。而將其一一配置到塔羅牌上，就成了能占卜人生中十二種領域分別會發生什麼事情的「黃道十二宮」牌陣。

這個牌陣不僅占卜十二種運勢，重點在於一邊與各宮的意義相結合，一邊解讀。如果談了戀愛，就會充滿精神，工作上也能有所進展；如果持續加班就會生病——所有的運勢都像這樣息息相關。

在右頁中彙整了幫助您容易解讀的要點，請務必一邊確認，一邊試著占卜。

請試著認識黃道十二宮

上半部
公開場合的自己

黃道十二宮的上半部代表的是「社會」。能夠得知他人對自己的印象、在人們面前作出的行動、社會上的地位……等事項的好壞。

右半部
與他人之間的關聯

這部分是代表他人存在的重要性。也暗示了將選擇、決定權交由他人的被動態度。能夠得知他人是否珍惜這份關係，還是只是被人耍著玩。

職務、名譽、社會地位
旅行、理想
遺產、被動收入、性愛
希望、夥伴、人脈
下意識、競爭對手、祕密
夥伴關係、婚姻
工作、健康、衛生
性格、自己本身
金錢、所有物
戀愛、興趣、娛樂
知識、溝通
家庭、親戚、家人

10 9 8
11 7
12 6
1 5
2 4
3

左半部
與自己本身的關聯

顯示您有多重視「自己本身」。司掌主動向前邁進的積極性與自立心。可用塔羅牌判斷這份積極性將帶來何種結果。

下半部
私底下的自己

個人的情感、與自己相處的時間、與家人之間的聯繫等，是關於切身事務運勢的範圍。也暗示了食衣住等生活基礎相關的運勢。

將塔羅牌與宮位意義相結合

結合相關宮位

在占卜財運時，不僅看第二宮，也一起確認司掌工作運的第六宮等其他宮位的內容，解讀就能更深入。此外，正對面的宮位意義也是成對的，也建議一併解讀。

從塔羅牌性質判斷運勢強弱

如果是出現大阿爾克那牌或數字一等強力牌面的宮位，則暗示著該項運勢接下來會很重要。此外，如果在代表財運的宮位出現錢幣牌，也可以視為在強調宮位意義。

關鍵人物為宮廷牌

宮廷牌很有可能是會出現在該項人生領域中的關鍵人物。由其是像第五宮那樣代表戀愛的宮位中，出現的宮廷牌可能是代表未來的情人形象。

了解十二宮代表的意義

第一宮
顯示在他人面前的
自身姿態

代表您在他人眼中的外表、印象、個性。當您想知道自己的言行舉止、該怎麼做才能給人好印象時也很方便的宮位。此外，這也代表了您的身體本身，因此如果身體狀況不佳，也會出現涵義不好的牌。對應天體為火星，對應星座為牡羊座。

第二宮
代表財產、所有物與
收入

一般來說，說到財運就會想到這個宮位，也司掌收入或財產。藉由一併解讀與工作相關的宮位，可得知是否能獲得與勞動相應的代價。此外，不限於財運，也會展現運用事物或時間等資產的傾向。對應天體為金星，對應星座為金牛座。

第三宮
代表溝通或
智慧方面的活動

能了解溝通或對話圓滑度的宮位。由於電子信件等通訊也屬於這個宮位的範疇，因此在現代或許是相當重要的宮位之一。此外，由於也代表知識或資訊，因此會顯示該如何加以活用。對應天體為水星，對應星座為雙子座。

第四宮
代表身邊
能令人放心的場所

呈現作為生活基礎的食衣住、與家人或親戚等身邊的人之間的關係。如果在這裡出現好的牌，就表示家庭和睦；如果是不好的牌，則暗示著與家人之間可能會起糾紛，或是犧牲隱私的未來。對應天體為月亮，對應星座為巨蟹座。

第五宮
司掌戀愛、創作等
自我表現

以發揮個性、才華的自我表現為主題的宮位。興趣、娛樂、戀愛也是一種自我表現，因此都屬於這個宮位的範疇。這個宮位會告訴您喜歡的感受、愉快的感受在現實中會如何反映出來。對應天體為太陽，對應星座為獅子座。

第六宮
關鍵字為義務或
職責

代表義務、職責、習慣、維護，能讓人明白該對社會作出何種貢獻，以及該如何讓日常業務順利進行的宮位。此外，習慣或維護也能與健康或身體管理相結合。塔羅牌可能也會提醒您生活習慣紊亂的問題。對應天體為水星，對應星座為處女座。

第七宮
與人交流或
夥伴關係

第一宮如果是對應「自己」，第七宮對應的就是「對方」，指的是與人交流的場景。可從中讀取到會與什麼人有所關聯、與其交流會帶來何種結果。此外，也能呈現出生意夥伴或結婚對象等特定人物。對應天體為金星，對應星座為天秤座。

第八宮
羈絆深厚或
繼承的事物

第八宮的主題為「共享」，指的是比第七宮更深入的交流。範疇為血緣或遺產繼承、性生活等與他人之間有著強烈羈絆，不可或缺的情況。此外，也代表某些死亡場景會帶來的事物。對應天體為冥王星，對應星座為天蠍座。

第九宮
對未知的追求心與
身心成長

第九宮所司掌的領域為踏入未知世界、擴大自身領土。換言之，就物理上來說為旅行，就精神上來說的擴大，接觸哲學或海外文化等都囊括其中。此外，要挑戰從未做過的事情時，也請注意這個宮位。對應天體為木星，對應星座為射手座。

第十宮
透過職業獲得的
地位

這個宮位代表的是在社會中想達到的目標或職業。即使同樣是工作，卻與代表實務的第六宮不同，指的是天職或社會上的地位。目前的工作或行動成功與否、能獲得何種地位，都會在這個宮位呈現。對應天體為土星，對應星座為摩羯座。

第十一宮
顯示網絡或人脈的
品質

這個宮位代表與團體間的關聯或人脈。出現在這裡的牌，或許是顯示您的人脈將帶給您什麼。此外，也可能是指社群軟體上的人際關係。抽到不好的牌時，表示可能會與許多人為敵。對應天體為天王星，對應星座為水瓶座。

第十二宮
雖然肉眼看不見，
卻擁有影響力的事物

這個宮位司掌的是下意識思考的事情、隱藏的敵人等，雖然無法確認，卻確實會對自己造成影響的事物。雖然是難以解讀的宮位之一，不過也可以解釋成在熟悉的地方獨處，絕對不會讓別人看見的情況下會做出什麼舉動。對應天體為海王星，對應星座為雙魚座。

30

在替人占卜時
需要注意的重點為何？

➡

重要的是別去想「要準確！」

　　占卜師熟練地排列塔羅牌，並說出令占卜對象大為吃驚的話語的模樣，或許是許多人為之憧憬，並接觸塔羅牌的原因。

　　不過，一旦開始學習後，就會感到不安，懷疑自己是否正確，而為了避免出錯而一味地仰賴參考書籍來占卜。這麼一來，就只能照本宣科地解牌，而淪為無法應用的占卜。在解讀牌義時，就算不模仿其他人也無妨，請抱持著「我

就是我」的心情，竭盡全力占卜吧。

　　最重要的是以純淨的心情面對塔羅牌與對象。要是摻雜「我要占卜得準確，令對方吃驚」的雜念，就會變成含有邪念的解讀了。這是因為塔羅牌會反應解牌者的內心。

　　接下來會介紹在替人占卜時需要注意的技巧。每一項都是在實際鑑定時領會的技巧，因此一定能派上用場。

如果對方很激動，先讓他冷靜下來

有許多人在尋求占卜時會陷入混亂，或處於激動狀態之下。如果受到對方的情緒影響，連占卜者都會感到緊張，並擔心起占卜結果是否會不準確。

如果是容易感覺到壓力的人，呼吸法相當有效。有許多人一慌張起來就會呼吸困難，因此首先調整好自己的呼吸，這麼一來對方應該也會受到影響而冷靜下來。壓低聲調也是很有效的方式。

有的人在述說煩惱時會滔滔不絕地說得非常快，這時候別被對方的步調拖著走，而是以沉著冷靜的態度開口。掌握當下的主導權是很重要的。

整理問題，濃縮重點

在鑑定之前，會先詢問想要占卜的內容。基本上都是未來、建言、問題的原因或人的心情，不過對方通常都會相當混亂，因此需要由占卜者一邊提出問題，一邊整理重點。

如果是「想知道變得冷淡的他究竟在想些什麼」時，首先請詢問出當下的狀況（有什麼原因導致對方變得冷淡？ 還是當事人這麼感覺而已）。

明確掌握事實也是很重要的，如果受到意外或妄想驅使，從周遭的角度，也可能會認為是對方想太多了。

重點在於保持冷靜的角度，看清對方的想像或期望。

> 他一定出軌了……
> 我想知道他究竟在想什麼？

> 他出軌的事情是真的嗎？

> 因為他一直不願意見我，
> 所以一定是出軌了！

> 那麼，先來占卜他目前的狀況吧。

確認提問者的意志

在占卜之前，請務必確認對方期望的是怎樣的未來，比如說，是「想跟男友分手」呢，還是「想繼續這份關係」。先搞清楚這一點，才能掌握該占卜的重點。不過，有的人可能會說出與自己的想法完全相反的話語；也有的人對現況的認知有所偏頗。比如說嘴上說著「想放棄戀愛」，但其實只是沒有自信，其實是希望「與對方兩情相悅」；或是自認為對方討厭自己，但從客觀角度來看完全沒有問題等等。

這種「識人眼光」是無法單靠塔羅牌培養出來的，需要發揮日常生活中的觀察力。

> 我喜歡他，也想繼續這份關係……

> 那麼，就來占卜看看一直不願聯絡
> 您的對方，現在處於何種狀況吧？

> 那麼，就來占卜他變冷淡的原因吧。

一邊詢問對方一邊解讀

鑑定風格因人而異，但建議您不要沉默不語，或是單方面兀自說話，而是一邊與提問者交談一邊占卜。

這是因為有許多事只有當事人自己才清楚。為此，試著詢問對方看了牌之後的感受是非常重要的。

有時即使看著同一張牌，彼此也會抱持著不同的印象，或是注意到出乎意料的地方。

藉由確認對方的想法，也能避免導出方向錯誤的結論。

> 有哪張牌令您感到在意嗎？

> 您看了這張牌有什麼感覺？

> 從這張牌可以解讀出這樣的內容，您心裡有什麼底嗎？

要不要傳達不好的結果？

在占卜時，也有可能得出不好的結果。該如何傳達，或是不要傳達都十分重要，您必須確認對方的心理狀態。

如果是似乎難以接受結果，或是最好避免再令對方感到不安的類型，就只告訴對方該注意的地方與解決方案吧。

如果是能堅強地開拓未來的人，或是只沉浸於夢想的人，或許就得為了讓對方了解現實而刻意告知嚴峻的結果。

無論如何，得出的結果都只是預測，在未來造訪之前，都還有機會改變——請務必傳達這一點。

> 這樣下去，或許會演變成這樣的情況。

> 為了避免如此，就請注意這一點。

> 這只是現階段的可能性，未來是可以改變的。

> 如果您沒有認真打算改變，就會維持現況。

> 如果現在不採取行動，就什麼也不會改變，您有鼓起勇氣的決心嗎？

出乎意料地重要的是如何收尾

如果對方覺得您的占卜準確，或許會變成什麼事都想請您占卜。

當您覺得差不多該告一段落時，用「最後……」這樣的話語起頭是很有效的。「最後，請您抽一張建言牌。」只要您這麼說，並請對方抽一張牌，針對這張牌解讀完後，就會比較容易收尾。

這時候，也很推薦利用盧恩字母（P148）來傳達訊息。由於是另一種占卜方式，能夠切換氛圍，而盧恩字母不同於塔羅牌，沒有感覺可怕的圖案，因此無論得出何種鑑定結果，都比較容易傳達鼓勵的訊息。

> 接著也請幫我占卜工作上的事情！

> 這是最後的問題嘍。

> 那麼，最後請您抽一張牌，這是給您的建言。

明確告知開始與結束

在開始替人占卜後，需要注意的是如何確實劃清界線。如果態度過於友善，變成像朋友一樣，可能就會導致「什麼事情都好，幫我占卜看看」、「讓我抽一張牌就好」這種沒完沒了的情況。因此，請明確地宣告「開始占卜」與「占卜結束」。

利用氣氛的力量也很有效果。在開始鑑定之際，將塔羅牌放在兩人中間。占卜者與提問者透過這副塔羅牌連結。結束後，請將塔羅牌移回自己身邊並收起來。這樣的動作能更容易讓人產生回歸「外人」的意識。

> 聽說你會占卜？
> 隨便幫我占卜些事情嘛！

> 再占卜一件事就好！
> 那幫我算財運！

> 那麼，這是最後的問題嘍。

Start　　　*Finish*

在塔羅牌派對上享受解析技巧，
提昇力量！

　　在與朋友聚會時，如果有塔羅牌，就會讓氣氛非常熱烈。互相訴說煩惱，互相占卜是很令人愉快的事。

　　我更推薦的是與跟您一樣正在學習塔羅牌的朋友聊天，請在聊天時試著設定「舉出喜歡的牌與討厭的牌，說出原因」、「以帥哥、好女人、不能信任的人等『○○的人』為主題，說出聯想到的牌」、「說說看『如果出現這張牌，就容易發生這種事』之類的軼事」等主題談論吧。

　　由於每個人的感受方式不盡相同，或許會有令人茅塞頓開的發現。有時會迸出自己想像不到的嶄新解釋，賦予一張牌全新的意義。塔羅牌占卜沒有對錯，請一邊享受，一邊培養靈活解析塔羅牌的能力。

Chapter 5

實踐篇

藉由一邊占卜實際的煩惱，
同時解說該如何將至今為止所介紹的技巧
運用到解牌上。

盡量占卜，
提昇實際占卜力

別受限於形式，
自由地解析塔羅牌

　　或許有許多人認為塔羅牌有各式各樣的規則或作法，但事實並非如此。想改變使用的張數也無妨，改變牌陣或是針對不清楚之處盡量加抽都可以。當展開塔羅牌時，如果腦中閃過什麼意象，那麼比起參考資料上的牌義，以自己的直覺為優先也沒有問題。因為關鍵在於拋出問題後，只要能確實獲得答案或提示即可。

　　塔羅牌占卜所需要的，是不受限於形式，臨機應變的即興能力，可以說這就是塔羅牌占卜的樂趣。牌義解析原本就是非常自由的，請別被「非得這麼做不可」的固有觀念束縛，以作出屬於您自己風格的解析為目標。

　　作為提示，我接下來將會以實際鑑定的內容為例解說。請一邊閱讀，一邊注意其中是如何運用至今為止所介紹的技巧，並藉此導出了怎樣的答案。尤其能夠明白建言牌在解釋時有能多大的助益。

　　在抽取建言牌時，不需將展開的牌放回牌疊裡，而是直接從剩下的牌中抽出。藉此能讓牌陣與建言牌連結，以更深入解讀。

　　在實際的鑑定中，會解說抽出的每一張牌，不過在這裡只會以認定是重點的牌為主來說明。

鑑定例 1

該怎麼做才能提高收入？

「從進入公司到現在，薪水都沒有增加，獎金也令人失望……我該怎麼做才能增加每個月的收入？ 我也有考慮要經營副業。」

使用牌陣
單張牌
（僅用錢幣牌組）

建言
錢幣七

推薦副業
錢幣十

請試著只用錢幣牌組占卜財運

關於財務上的煩惱，可以僅用錢幣牌組占卜。〈錢幣七〉這張牌顯示的是無法接受成果的狀態。並不是只有一股腦猛衝地努力，還需要創造銷售額等明確可見的實績。在針對副業抽取提示牌時，抽出了〈錢幣十〉，顯示出似乎很適合從事婚禮相關的工作。而數字十在小阿爾克那中也是最大的數字，表示收入或許能大幅提昇。

25 想得到關於戀愛、工作、財務上更精準的答案！ ➡ 活用數字牌（P152）

鑑定例 2

我想交到合得來的朋友

「我為了求職而搬家後，沒有半個稱得上朋友的存在。怎樣的人願意當我的朋友？ 另外也想知道去哪裡有機會相遇。」

使用牌陣
單張牌 （人物形象
占卜僅用宮廷牌）

人物形象
聖杯國王

相遇地點
寶劍七（逆位）

人物參考宮廷牌，而地點的提示參考背景

由於是未來的朋友形象，因此只使用宮廷牌占卜，抽到的是〈聖杯國王〉。代表對方可能是比提問者年長的男性，具包容力且個性沉穩。而針對相遇的地點抽出的則是〈寶劍七（逆位）〉。由於牌面代表的是逃離熱鬧場所的人，因此暗示的是安靜的地點。如果在讀取時不分正逆位，還能將繪製在背景的帳篷解讀成戶外的地點。

11 對人際關係中的許多事情感到在意，能否簡單地占卜？ ➡ 可以只用16張宮廷牌占卜（P97）

鑑定例 3

總覺得最近的體力變差了

「雖然沒有生病，但最近很容易感覺疲勞。雖然有幹勁，卻覺得力不從心。該怎麼做才能恢復精神？」

使用牌陣
單張牌

原因
錢幣二（逆位）

建言
命運之輪（逆位）

代表未達原本牌義狀態的逆位

原因為〈錢幣二（逆位）〉，這原本是張代表取得平衡的牌，但出現逆位則意謂著原因出自睡眠或飲食生活上不平衡。建言為〈命運之輪（逆位）〉，顯示出重要的是糾正「因為忙碌而沒吃飯」、「有時間才吃飯」這種隨波逐流的生活方式。由於並不是〈惡魔〉或〈月亮〉這種代表疾病或體質虛弱的牌，因此只要多加注意，應該就能恢復體力。

20 無法連逆位的意義都記住，導致解讀中斷➡試著理解三種基本模式（P132）

鑑定例 4

工作上的電子郵件該寫怎樣的內容？

「我打算以電子郵件委託工作給初次合作的對象。想知道考慮到對方的個性，該寄出怎樣的內容比較好。」

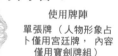

使用牌陣
單張牌（人物形象占卜僅用宮廷牌，內容僅用寶劍牌組）

人物形象
寶劍騎士（逆位）

建言
寶劍六（逆位）

以宮廷牌確認對方的個性

對方的個性為〈寶劍騎士（逆位）〉，如果是正位，就代表對方是個性格爽朗的人，不過逆位則表示對方的個性有些扭曲且一本正經。應對方式為〈寶劍六（逆位）〉，這張牌如果是正位，意謂著「逃避」，逆位則代表需要不逃避地著手處理。

只要預先設想對方會提出的指謫或疑問，並作出沒有破綻的說明，就能給對方好印象。

10 每張宮廷牌看起來都長得一樣➡試著想像人物特質（P92）

鑑定例 **5**

想提高網站文章的點閱率

「我因為工作需要，在網路上進行連載，但點閱率差強人意。我想知道發表人氣報導的方法，以及針對與他人合作報導或採訪報導上的建言。」

使用牌陣
單張牌

整體建言
錢幣騎士（逆位）

針對與他人合作
報導的建言
聖杯二

在解讀時試著與
其他花色比較

針對整體的建言，抽出的是〈錢幣騎士（逆位）〉，在不追求數字或金額的情況下，寫自己想寫的內容比較能成為充滿魅力的報導。針對與他人合作的方法，抽出〈聖杯二〉，暗示著在與組成搭檔的人交談時，如果一致認為某個企畫「似乎很有意思！」就表示會受歡迎。針對採訪報導的情況，抽出的是〈錢幣王后（逆位）〉，如果在採訪時提出令人意外的問題，或許能聽到好內容。此外，如果在這裡抽出的是寶劍牌，就會代表是「打破理所當然」；不過因為是錢幣牌，主要的提示就會成為「藉由在理所當然中找出新的切入點來作為題材」。

4 沒有參考資料就不懂小阿爾克那牌的意義 ➡ 試著從「花色與數字」聯想（P70）

針對採訪報導
的建言
錢幣王后（逆位）

未來
聖杯十（逆位）

意識到沒有出現的元素

「未來」為〈聖杯十（逆位）〉，可以解讀為「無聊」，不過當下浮現的意象則為「不受限於形式」、「變成次文化風格」，想脫離至今為止的流行的熱情，似乎會是關鍵所在。

此外，包括上方的兩張牌，請試著注意並未出現火與風之元素的事。這表示點閱率不會突然飆昇，而是會隨著時間一點一點地受歡迎起來。

17 有的牌總是只能導出相同的意義 ➡ 設法嘗試改變觀點（P124）

鑑定例 6 婆婆的存在令我感到有壓力

「婆婆總是全盤否定我所做的一切事情。該請丈夫居中調解、與婆婆保持距離，還是跟她談談？想知道該怎麼做才好？」

使用牌陣
二選一

之後的發展
權杖七

之後的發展
錢幣一

之後的發展
寶劍二

之後的發展
戰車（逆位）

丈夫居中協調
聖杯九（逆位）

保持距離
聖杯六（逆位）

與對方談談
寶劍騎士

放置不管
錢幣二

提問者的態度
錢幣四

加抽：建言牌
聖杯五

試著為二選一的結果排列先後順序

　　如果婆婆只是單純在找麻煩，感到膩了可能就會收手，所以我在選項中增加了「按照以往的方式生活」。從〈錢幣四〉可以看出提問者認為自己什麼都得做的感覺。而下一張令人印象深刻的牌，則是保持距離後的發展〈錢幣一〉。從〈聖杯六（逆位）〉看起來，由於保持了距離，婆婆會變得很任性，不過最後似乎還是成功確立了地位。丈夫居中調解的牌是〈聖杯九（逆位）〉，代表不太有意義，即使看似比現在的情勢有利，也因為是〈權杖七〉，而只是持續著小糾紛不斷而已。而與對方談談的牌是〈寶劍騎士〉，代表只要跟對方講道理，因為未來是〈寶劍二〉，看來似乎會穩定下來。至於「按照以往的方式生活」選項抽到的是〈錢幣二〉，暗示當下雖然處理好了，脾氣不合的狀態仍會持續下去，而導致〈戰車（逆位）〉的未來。因此推薦的作法是保持距離，其次則是與對方談談。

15 不知道牌陣中哪張牌才是關鍵 ➡ 注意塔羅牌的強度（P110）

POINT

帶入牌中的人物

建言牌為〈聖杯五〉，請將牌中的人視為婆婆。她或許是只看自己想看的事物而已。由於是個難以溝通的對象，請別太過認真看待她的一言一行，只要適度地配合，並以按照提問者自己的步調慢慢調整目標。婆婆或許是感覺到只有自己被忽略，因此請注意表面上維持平和的態度。

該如何與身為考生的孩子相處？

「我是一個高三男生跟一個國三女生的母親。兩個孩子今年起都成為考生，但由於兩人的個性迥異，我不知道該如何跟他們相處才好。」

使用牌陣
二選一

對兒子的鼓勵
權杖國王（逆位）

與兒子的相處方式
寶劍國王

提問者的態度
聖杯六（逆位）

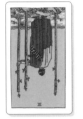

與女兒的相處方式
權杖三（逆位）

對女兒的鼓勵
錢幣三（逆位）

以塔羅牌導出具體的應對方式

首先以「二選一」的形式比較分別該如何應對兒子與女兒，然後再設定原創項目，占卜分別該對兩人說些什麼。「提問者的態度」為〈聖杯六〉，代表懷念的心情，但逆位則顯示重點在於別沉浸在過去的傷感中，導致過度寵溺兩人。並非如同飯店服務無微不至地替他們做好所有事，而是以自助式的愛為目標，讓他們在真的需要時主動提出請求即可。對兒子的應對方針為〈寶劍國王〉，因此跟對方講理為佳，與其不由分說地下令「給我去念書！」不如冷淡地表示「不念書也無所謂，但到時傷腦筋的是你自己喔？」或許更來得有效果。針對女兒的應對為〈權杖三（逆位）〉，這是張展開行動的牌，不過出現逆位則表示您原本認為「她應該有好好在念書吧」，結果卻出乎意料地相反，或許確實盯一下會比較好。

☞ 受限於參考資料，只能想出制式化的詞彙➡試著用身邊的景致替換（P84）

POINT

連該向對方說的話語也能占卜！

這次也占卜了當兩人感到沮喪時，分別該如何鼓勵。針對兒子的鼓勵為〈權杖國王（逆位）〉，「你一定會考上，因為你是媽媽的孩子啊！」這種能觸發當事人熱情的講法為佳。針對女兒的鼓勵〈錢幣三（逆位）〉，由於對方感受不太到努力獲得認同的感覺，因此展現「媽媽都明白」的態度應該不錯。

我想在兩年以內結婚

「父母催促我差不多該結婚了……令我感到焦躁。
我該怎麼做，才能在這兩年內結婚呢？」

使用牌陣
時間之流

結果（今年）
錢幣八

原因
聖杯十（逆位）

結果（明年）
隱士（逆位）

建言
寶劍十

配合願望改造牌陣

由於是有著「兩年以內」期限的明確煩惱，我改造了時間之流牌陣，以「原因」、「結果（今年）」、「結果（明年）」、「建言」四張牌來占卜。關於邂逅時期出現了〈錢幣八〉，代表今年內是有希望的。如果您哉地等候明年，或許會過著如〈隱士（逆位）〉般沉寂不顯眼的日子。〈錢幣八〉是一張踏實累積的牌，因此並非閃電邂逅，而是透過反覆交談培養起信任關係，最後有情人終成眷屬，所以請儘早採取行動尋求邂逅。至於遲遲沒有結婚的原因為〈聖杯十（逆位）〉，代表有因為「家人的願望」而過度在意結婚一事，導致原本合得來的人主動退出了候選者之列的可能性。建言為〈寶劍十〉，雙親、年紀、周遭的情況等化為一把把利劍，施加壓力在提問者身上，不過這是張暗示黎明即將到來的牌，關鍵在於請別太在意，以自己的步調享受戀愛的精神。

27 想使用最適合問題的占卜方式 ➡ 試著自己創造牌陣（P168）

--- POINT ---

花色可能會成為意外的提示

從〈錢幣八〉試著推斷出更加具體的相遇時機吧。牌面上的人物正在製作從上面屬來第六枚錢幣，由於這是一月時做的占卜，把一枚錢幣當成一個月，就可以解讀為「六月會發生令人印象深刻的事」。也能試著從這種地方解讀塔羅牌提供的資訊。

鑑定例

突如其來的人事異動令我不知所措……

「我上個月被調到與至今為止截然不同的部門,雖然想熟悉新環境,不過還是想繼續原本的工作。我接下來該怎麼辦才好?」

使用牌陣
時間之流

原因
錢幣三(逆位)

結果
權杖十

建言
聖杯二

過去
聖杯九

現在
死神

未來
高塔

使用雙重時間之流,讓占卜更周全

我以兩種「時間之流」的組合來占卜運勢與解決問題。「現在」為〈死神〉,顯示出人事異動的命令是必須接受的,命中註定的情況。現在是個全新的舞臺環境,「過去」為〈聖杯九〉,顯示出提問者對原本的部門心懷滿足感,工作得很愉快,因此有想回到過去的想法;而「未來」為〈高塔〉,代表今後還會有進一步變動的預感。至於為什麼會如此,以及今後該如何行動的方針,則透過另一個「時間之流」來確認。「原因」為〈錢幣三(逆位)〉,因此似乎是因為提問者的能力在前一個部門並未獲得足夠的評價,才會導致人事異動。不過,在「最後預測」出現〈權杖十〉,代表如果照這樣下去,會被交付超過自己能力的工作。「建言」的〈聖杯二〉則透露出目前還有交涉的餘地。由於就運勢而言,現在正是有所變動的時機,因此只要向人表達「其實我真正想做的是這件事!」或許能出乎意料地順利達成期望。

26 如果因為從占卜結果而產生新的疑問,該怎麼做才好? ⇨ 試著組合牌陣(P162)

— POINT —

試著也從言語拓展意象

在日文中,聖杯的「汲取」與「斟酌」意向是同樣的詞彙,因此解釋成「有交涉餘地」的意思。除此之外,比如說「舉起」權杖與「提出」政策的詞彙也相同;「展現」聖杯與也有「展現」想法的意思。試著像這樣將圖案化為言語,也能成為拓展意象的提示。

該怎麼做才能邂逅命中註定的對象？

「雖然有過交往對象，卻沒有步入禮堂。參加聯誼或相親活動也沒有好的邂逅……我該怎麼做才能邂逅命中註定的對象？」

使用牌陣
V 字型馬蹄鐵

目前的自己牌
寶劍國王

過去
權杖二

現在
力量
（逆位）

最後預測
錢幣三　（逆位）

成為障礙的事物
聖杯一　（逆位）

不久後的
未來
隱士

周遭的狀況
錢幣一　（逆位）

加抽：建言牌
聖杯四（逆位）

建言
聖杯十

加抽：對方的人物形象
聖杯國王

別立即判斷為不好的結果

　　「目前的自己牌」為〈寶劍國王〉，可得知提問者對戀愛的態度十分冷靜。從「障礙」的〈聖杯一（逆位）〉與「周遭的狀況」的〈錢幣一（逆位）〉，可看出提問者會嚴厲評估對方是否適合結婚，這樣的態度導致異性疏遠了自己。「建言」的〈聖杯十〉也傳達出重要的是享受戀愛的單純心情。「不久後的未來」為〈隱士〉牌，而「最後結果」則是〈錢幣三（逆位）〉，這原本是張能掌握機會的牌，從繪製了教堂看來，也暗示著為結婚作準備。只要不基於理性地評價異性，而是懷著接納的廣闊胸懷，就有很大的機會能步入禮堂。針對該如何邂逅加抽了建言後，出現的是〈聖杯四（逆位）〉，這顯示出可以試著從身邊尋找邂逅。而對方的人物形象為〈聖杯國王〉，因此請試著尋找心胸寬大、充滿愛意的人物。

24 當出現無論如何都無法解讀的牌時，希望能獲得提示！ ➡ 並不是「重抽」，而是「加抽」（P146）

— POINT —

找出作為
關鍵的花色

聖杯為司掌情感的花色，「障礙」與「建言」都出現了聖杯，代表「情感」是實現戀情的關鍵。解決方法是加抽的牌，建言牌〈聖杯四（逆位）〉與對方的人物形象〈聖杯國王〉，則可以解讀為其實已經遇到了。當像這樣連續出現同樣花色的情況，請視為強烈的訊息。

最近突然在意起皮膚乾燥的情況

「這幾個月，我的皮膚非常容易乾燥，令我很煩惱。化妝不服貼，照鏡子時也令人感到憂鬱……是因為失眠造成的影響嗎？我想知道皮膚乾燥的原因。」

使用牌陣
V 字型馬蹄鐵

過去
節制
（逆）

現在
聖杯九
（逆位）

不久後
的未來
錢幣王后

建言
寶劍九

周遭的
狀況
太陽
（逆位）

成為障礙
的事物
寶劍七

最後預測
教皇

健康狀態與生活習慣也會呈現在牌面上

　　我第一眼注意到的，是「現在」的〈聖杯九（逆位）〉，這可以解讀為現狀是皮膚流失了大量水分，而「過去」的〈節制（逆位）〉則代表沒有補足自己的水分。「狀況」為〈太陽（逆位）〉，這張牌如果是正位就表示健康狀況良好，然而逆位則意謂著「我原本明明可以更燦爛，現在卻有著陰影」。「障礙」為〈寶劍七〉，雖然自以為有在保養，其實照顧得不夠。「建言」為代表因失去而悲傷的〈寶劍九〉，提問者應該察覺到自己與生俱來的美麗，並更加珍惜自己。此外，提問者提到了失眠的狀況，沒有充足的睡眠或許也是原因之一。不過在「不久後的未來」抽出的是〈錢幣王后〉，表示只要好好保養就能恢復。「最後預測」為大阿爾克那的〈教皇〉，因此代表很有可能可以恢復原本健康的肌膚。

19 想不出適當的詞彙，占卜時會耗費許多時間 ➡ 澈底遵守三秒法則（P128）

---- P O I N T ----

試著從圖案
直接解讀

如果按照參考書的解讀，〈聖杯九（逆位）〉有「姑息放縱」、「生活習慣紊亂」的意思，但我從顛倒的九個聖杯，試著解讀成「水分從肌膚流失」。此外，〈太陽（逆位）〉也可以解讀為「受到紫外線的不好影響」。像這樣配合主題靈活地擴展想像力，就能獲得更貼近問題的答案。

我想在期望的部門工作

「自從進入現在的公司後，我已經歷經了好幾次人事異動，但一直無法在期望的部門工作。該怎麼做才能從事自己想做的工作呢？」

使用牌陣
六芒星

目前的自己牌
聖杯七

過去
教皇

公司的心情
愚者

提問者的心情
權杖七（逆位）

最後預測
吊人
（逆位）

不久後的未來
聖杯三

現在
權杖四

建言
隱士（逆位）

將公司帶入「對方」占卜

「目前的自己牌」為〈聖杯七〉，顯示出提問者似乎對好幾個部門感興趣，而顯得猶豫不決。此外，在「提問者的心情」出現〈權杖七（逆位）〉，代表自己明明有幹勁卻無法發揮而感到急躁。「過去」的〈教皇〉顯示出剛進公司的喜悅，「現在」的〈權杖四〉則顯示出雖然不是待在期望的部門，仍相當愉快地工作的模樣。而「不久後的未來」的〈聖杯三〉可以解讀為「現在的愉快狀態會持續下去」，不過也能解釋成在部門送別會上乾杯。「結果」為〈吊人（逆位）〉，因此或許代表著即使能調到憧憬的部門，未來也跟自己原本的預期不同。公司那方的心情為〈愚者〉，因此似乎沒有認真看待提問者的煩惱。建言為〈隱士（逆位）〉，代表應該將想法明確地傳達給公司比較好。由於有好幾個想去的部門，因此請先釐清自己的理想，確認哪邊最適合自己，這麼一來也能消除人事異動後的不協調感。

20 無法連逆位的意義都記住，導致解讀中斷 ➡ 試著理解三種基本模式（P132）

--- POINT ---

難以解釋時，先轉回正位

「最後預測」的〈吊人（逆位）〉是張很難解釋的牌。如果覺得逆位很難解讀時，先確認正位時的意義是很重要的。〈吊人〉如果是正位，暗示著「一個勁兒地試圖朝著目標前進」，而將這解釋倒過來，就可以解釋成「無法順利連接目標地點＝在期望的部門感覺到不協調」。

鑑定例 13

我想要有孩子，也想要養狗

「我去年結了婚，差不多想生孩子了，但我也想養狗。狗能跟孩子與家人和睦相處嗎？我會不會太貪心了？」

使用牌陣
六芒星

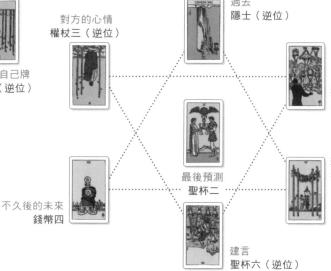

目前的自己牌
權杖九（逆位）

對方的心情
權杖三（逆位）

過去
隱士（逆位）

提問者的心情
聖杯七

不久後的未來
錢幣四

最後預測
聖杯二

現在
權杖四

建言
聖杯六（逆位）

加抽：建言牌
寶劍國王（逆位）

與現況作連結以確認想法

　　「目前的自己牌」為〈權杖九（逆位）〉，代表「雖然想養狗也想要孩子，但目前的狀態也很幸福」。而「提問者的心情」為〈聖杯七〉，也可得知「生孩子並養狗」不過是對方的人生選項之一。對方，也就是提問者的伴侶的心情為〈權杖三（逆位）〉，如果是正位就代表是「確認實現機會的狀態」，不過這次出現的是逆位，代表對方並沒有跟提問者一樣心急。「現在」的〈權杖四〉顯示出實際上覺得現在已經夠幸福了。在「不久後的未來」抽出〈錢幣四〉，而「最後結果」為「聖杯二」，代表寵物與孩子似乎能和睦相處。「建言」的〈聖杯六（逆位）〉為禮物，換言之就是狗，這張牌代表著不要強硬地想獲得狗的意思。加抽的建言牌為〈寶劍國王（逆位）〉，也顯示出不要焦急，試著靜待遇見契合度佳的狗的緣分。

18 很難解讀排了許多牌的牌陣 ➡ 試著活用「目前的自己牌」（P126）

--- POINT ---

試著優先解讀圖案

出現在「建言」的〈聖杯六（逆位）〉，從「過去、回憶」等普通的關鍵字，很容易得出「過去的經驗中有提示」的曖昧答案。如果沒有頭緒時，從圖案中判斷為「禮物」也是一招。即使如此，還是覺得很困難的話，可以再加抽一張牌，應該會像這次加抽的〈寶劍國王（逆位）〉一樣，得出加以補充的答案。

鑑定例 14

我對此處是不是自己的容身之處感到迷惘

「我現在大約三十五歲，雖然很喜歡自己的工作，也做得很愉快，但工作量太大令人吃不消。而且明明很努力，卻常有得不到回報的感覺，我想設法解決這種狀態！」

使用牌陣
心之聲

目前的自己牌
錢幣侍者

周遭人們
的狀況
寶劍八
（逆位）

現在
錢幣四（逆位）

提問者的狀況
權杖七

加抽：建言牌
力量

對提問者的印象（內在）
聖杯九（逆位）

對提問者的印象（外在）
權杖騎士（逆位）

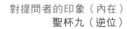

建言
聖杯二（逆位）

不久後的未來
寶劍侍者

周遭人們的期望
錢幣六

靈活運用逆位的解釋

　　雖然不是占卜戀愛，但從「周遭的人對提問者有何要求」的角度來看，我試著使用「心之聲」牌陣來占卜。首先映入眼簾的，是代表提問者的〈權杖七〉顯示出充滿活力地努力的態度，與代表周遭人們的〈寶劍八（逆位）〉顯示出靜待協助的態度呈現對比。其實以「對提問者的印象（外在、內在）」為首，代表著周遭人們位置的牌出現的全是逆位，似乎表現出對依賴可靠的提問者心懷歉疚。唯一出現正位的是「周遭的期望」位置抽出的〈錢幣六〉，或許是希望提問者「今後也能繼續幫助自己」。針對解決方案，我加抽了一張建言牌後得到了〈力量〉，代表如果一直處於被動狀態，就會有被強迫這麼做的感覺。因此或許應該轉而成為分配工作的角色，「這個由我來做」、「這個就拜託您」，像這樣以成為積極地推動周遭人們的存在為目標如何？

15 無法連結牌陣中塔羅牌的意義……➡找出「肉眼看不見的線」
（P116）

― POINT ―

「心之聲」果然很好用！

「心之聲」雖是適合戀愛的牌陣，其實也能使用在戀愛之外的問題上。因為能夠從「外在（言行舉止、舉動、態度）」、「內在（思考方式、性格、情緒）」的角度，得知他人對自己的印象，以及怎麼往來能夠使關係變得更好。如同這次用來確認部門同事對自己的觀感，也是一種很新鮮的使用方式吧？

總是因為財務問題跟丈夫爭吵……

「結婚第一年，我就很在意丈夫很會浪費的事。基本上我們的感情很好，卻總會在財務上起爭執。該怎麼做才能增加財富？」

使用牌陣
凱爾特十字

最後預測
世界（逆位）

提問者的表意識
（思考的事）
權杖九

成為障礙的事物
錢幣二

提問者的期望
權杖二（逆位）

周遭（或是對象）
的狀況
力量（逆位）

不久後的未來
命運之輪（逆位）

提問者的狀況
聖杯四

過去
節制

提問者所處的立場
女祭司

提問者的潛意識
（感覺到的事）
戰車

將大阿爾克那的對比解讀成性格上的差異

在「最後結果」出現了〈世界（逆位）〉，雖然是逆位，但並不表示不好，這是因為在財富的世界裡永遠不會有「完成」。倒不如說，正因為未完成才能感覺到成長的潛力。除此之外，還出現了〈命運之輪（逆位）〉、〈錢幣二〉、〈權杖二（逆位）〉等許多圓形的事物，可以表現出對財務很有意識。尤其是「表意識」的〈權杖九〉、「潛意識」的〈戰車〉都是正位，代表對財務的準備相當周全。只不過，相對於提問者是一絲不苟的〈女祭司〉，丈夫卻是容易放棄的〈力量（逆位）〉，顯示出用錢觀念完全相反。而「障礙」位置出現的〈錢幣二〉，綽號是「周轉牌」，只能以少量金額運作不僅麻煩，而且利潤很低，又容易與丈夫起爭執……似乎都沒什麼好事。為了家庭和樂，比起過度節約，或許可以考慮投資或從事副業等能賺更多錢的方法？

❾ 單看圖案能找到解讀的線索嗎？➡ 注意顏色、人物、花色（P88）

— POINT —

**從圖案解讀
也是一種解釋**

出現在「期望」位置上的〈權杖二（逆位）〉，不只是參考牌義，也能從圖案上解讀。試著將男人手中的地球聯想成錢幣，而兩支權杖則代表提問者與配偶。財富打算將自己的主導權交給誰呢？獨自存錢、賺錢都相當辛苦，一起努力的話，也能讓家庭更和樂。

鑑定例 16

想知道一整年的運勢！

「今天是我的生日，我想知道在新的一年中每個月份的運勢如何。尤其是因為工作忙碌，我很在意今後會如何發展。」

使用牌陣
黃道十二宮

目前的自己牌
權杖一

11月運勢
錢幣四

12月運勢
寶劍八（逆位）

10月運勢
錢幣三

9月運勢
寶劍六（逆位）

8月運勢
高塔

建言
錢幣侍者
（逆位）

1月運勢
世界（逆位）

7月運勢
權杖騎士
（逆位）

2月運勢
錢幣一

6月運勢
聖杯八

3月運勢
權杖六（逆位）

5月運勢
寶劍五

4月運勢
寶劍三（逆位）

活用圖案的共通處進行解讀

　　整體而言，圖案充滿變動的牌較多，似乎會是變化劇烈的一年。一月的〈世界（逆位）〉顯示出雖然稱不上完美，卻是愉快的一個月。三月的〈權杖六（逆位）〉則散發企畫雖然能通過，卻有著不確定性的氛圍。四月為〈寶劍（逆位）〉，倒插的寶劍看起來就像腳架，因此似乎是代表下定了確實支撐內心的決心。五月似乎會有人事異動。七月為〈權杖騎士（逆位）〉，試圖重整至今為止狀況而奮鬥的結果，會在八月〈高塔〉引發變化。不過九月的〈寶劍六（逆位）〉，則表示為了適應這個變化煞費苦心。年底的十二月為〈寶劍八（逆位）〉，暗示著能逐漸恢復自由。二月或十～十一月的錢幣牌都是正位，顯示出是財運受到眷顧的一年。「建言」為〈錢幣侍者（逆位）〉，重要的是姿態不要過低，要懷著強大的自信面對。

15 無法連結牌陣中塔羅牌的意義……➡找出「肉眼看不見的線」（P116）

—— POINT ——

以「目前的自己牌」為基礎確認

　　八月的〈高塔〉，究竟是會被捲入災難，還是主動引發變化的一個月，兩者有很大的差異。解讀訣竅在於結合「目前的自己牌」的〈權杖一〉與代表七月動向的〈權杖騎士（逆位）〉，從權杖代表目前的自己看來，七月的〈權杖騎士〉指的也是自己，而能解讀為「主動引發的變化」。

自己的第二人生運勢會如何

「孩子已經獨立，明年也差不多要迎接生涯上的一個段落，因此我正在思考該如何度過第二人生。我想知道今後的工作或私人生活會怎麼運作。」

使用牌陣
黃道十二宮

目前的自己牌
寶劍八

下意識、
競爭對手（未來）
聖杯十

下意識、競爭對手
寶劍四

希望、夥伴（未來）
權杖八（逆位）

職務、名譽（未來）
權杖十

旅行、理想（未來）
錢幣五

繼承事物、性愛
（未來）
女祭司（逆位）

繼承事物、
性愛
太陽（逆位）

提問者、
性格（未來）
惡魔

提問者、性格
錢幣二

金錢、
所有物（未來）
戀人（逆位）

金錢、所有物
寶劍王后

希望、夥伴
錢幣六（逆位）

職務、名譽
世界（逆位）

旅行、理想
教皇

夥伴關係、婚姻
（未來）
寶劍六

夥伴關係、
婚姻
寶劍國王

知識、溝通
（未來）
戰車（逆位）

知識、溝通
聖杯侍者（逆位）

家庭、親戚（未來）
命運之輪

家庭、親戚
權杖五

建言
錢幣七

戀愛、娛樂（未來）
錢幣侍者
（逆位）

戀愛、娛樂
正義（逆位）

工作、健康（未來）
力量（逆位）

工作、健康
錢幣三

試著改造牌陣

　　這次藉由在外側展開雙重牌陣，不僅占卜運勢，也能確認今後的未來。由於有很多大阿爾克那牌，顯示整體運勢良好。「目前的自己牌」為〈寶劍八〉，顯示出忍耐著自己想做的事的模樣。第一宮的自己本身為〈錢幣二〉，因此是取得平衡的狀態，但未來為〈惡魔〉，所以或許要注意疾病比較好。第七宮〈寶劍國王〉則暗示著有可能成為伴侶的男性存在。第四宮出現的是〈權杖五〉與〈命運之輪〉，因此私人生活方面似乎也會很充實。不過從第十宮的〈權杖十〉看起來似乎會揹負過多的工作。此外，第六宮的未來為〈力量（逆位）〉，因此適度地將工作分配給別人，應該就能處理得比較順利。建言為〈錢幣七〉，代表「應該能設法讓自己過得更愉快」的上進心是產生幸福感的關鍵。

29 黃道十二宮牌陣要解讀的內容很多，容易流於模稜兩可 ➡ 了解宮位的意義（P174）

POINT

以立體的角度審視塔羅牌

第九宮出現的是〈教皇〉與〈錢幣五〉，這兩者都是編號五的牌，而「在教堂裡的人」與「經過教堂前的人」這點上則呈現對比。從這個角度來看，可以解讀成明明已經確立了什麼，卻又立刻放棄並轉移到其他方向去。像這樣以立體角度想像兩張牌，就能產生新的解讀方式。

下個月的運勢會如何？

「下個月，我在工作上與私人生活上都有許多預定計畫。請建議我適合進行磋商、簡報、約會的日子，以及應該避開哪些日子。」

1月

日	一	二	三	四	五	六
		1	2	3	4	5
6	7	8	9	10	11	12
13	14	15	16	17	18	19
20	21	22	23	24	25	26
27	28	29	30	31		

試著一邊意識著以每一週為單位，一邊解讀

　　整體而言逆位較多，顯示出對忙碌的下個月感到不安與壓力。從1日起，連續四天連續出現逆位，看來似乎會是狀況不佳的開始。在出現〈錢幣一〉、〈聖杯一〉與〈寶劍一〉的日子，避免展開新事物是比較安全的作法。第三週的工作運低落，似乎會增加失誤。尤其是18日週五的〈權杖十〉，暗示著想放棄工作。在這週之前先清空能夠完成的工作，或許會比較好。11日與25日如果會舉辦公司的飲酒聚會，似乎能氣氛和睦地交流。如果要約會，建議排在第三～第五週週日的〈錢幣九〉、〈命運之輪〉、〈聖杯國王〉。此外，由於出現了大約占整體三分之一的宮廷牌，帶來與人交流的印象。最後三天則暗示著試圖靠體力撐過去，會太勉強自己的情況。為了下個月作準備，建議還是要量力而為。

16 一再出現逆位，不知道該如何解讀才好 ➡ 試著當作問題核心所在之處（P118）

POINT

想像平時的一整週

　如果意識到週間的順序，就會比較容易解析。請一邊想像整體而言自己的一整週會如何度過，一邊解讀。在出現代表重要意義的大阿爾克那牌或宮廷牌的日子，事先寫在記事本上，對排程或驗證都會有所幫助。如果覺得很難解讀時，也能針對某一天再加抽一張建言牌。

三連休的運氣如何？

鑑定例 19

「我想知道下個三連休的情況。第一天有聚餐，我想在另外兩天的其中一天去看電影。此外，我也猶豫著該挑兩部電影當中的哪一部來看。」

使用牌陣
月曆
二選一

第一天的運勢
月亮

第三天的運勢
權杖七（逆位）

第二天的運勢
隱士（逆位）

牌面整體的顏色代表綜合運勢

試著重點式分析在「月曆」牌陣中想了解的日子。第一天的〈月亮〉令人聯想到宴會的夜晚。此外，因為暗示著曖昧不清，代表您在白天可能會煩惱某些事，就這樣到了晚上。第二天為〈隱士（逆位）〉，如果是正位就會給人待在家裡的印象，逆位的話則表示可能會有事情進來，讓提問者不得不外出。第三天為〈權杖七（逆位）〉，如果是正位就帶有玩樂的印象，逆位則可以解讀成「原本想出去玩卻遇到阻撓」。這三天份的牌面顏色全是藍色或灰色系，相當顯眼。整體而言與其說是愉快地度過，不如說會是冷靜地沉浸在思考中，沉穩平靜的連續假期。

9 單看圖案能找到解讀的線索嗎？➡注意顏色、人物、花色（P88）

選擇A作品的未來
節制

選擇B作品的未來
寶劍七（逆位）

試著以大、小阿爾克那
解讀運勢強弱

可以用「二選一」牌陣占卜推薦的電影。結果而言，A作品為〈節制〉，B作品為〈寶劍七（逆位）〉。〈節制〉意謂著「新風氣」，似乎會有新的發現。從大、小阿爾克那牌的運勢強弱這點來看，A作品似乎也壓倒性地能獲得令人感動的體驗。

13 不知道牌陣中哪張牌才是關鍵➡注意塔羅牌的強度（P110）

我不知道意中人在想些什麼

「我有單戀的對象，我們的感情很好，不過我實在無法掌握對方的真正想法。我想知道她究竟想不想讓我們的關係更進一步？」

使用牌陣
心之聲

對方的狀況
權杖三
（逆位）

現在
錢幣三

提問者的狀況
寶劍三
（逆位）

對提問者的印象（外在）
惡魔（逆位）

對提問者的印象（內在）
正義（逆位）

建言
權杖王后

不久後的未來
女皇（逆位）

對方的期望
太陽

數字也能成為提示

首先，令人印象深刻的是上面的三張牌全是數字「三」的牌，由於這代表「變化的時刻」，因此可以說此刻正是兩人關係的關鍵時期。「提問者的狀況」抽出的是〈寶劍三（逆位）〉，被稱作「失戀牌」，因此代表著「果然還是不行嗎？」的心情。「對方的狀況」出現的是〈權杖三（逆位）〉，原本應該是代表啟程的牌，逆位則暗示著兩人之間的關係處於不得不煞車的狀態。而僅有出現在「目前狀況」的〈錢幣三〉顯示正位，由於是一張代表教堂的牌，意思或許是兩人都有意識到結婚一事。

針對「提問者的內在」抽出的是〈正義（逆位）〉，似乎沒有對等交往的感覺。而針對「外在」則是〈惡魔（逆位）〉，因此可以解讀成男女間的心動感減退，也可能是不再在意打扮，而感覺到有些千篇一律。

◀ 沒有參考資料就不懂小阿爾克那牌的意義 ➡ 試著從「花色與數字」聯想（P70）

表現會隨著對象是男性還是女性而改變

這次的提問者為男性，隨著占卜對象是男性或女性，解釋的方式自然會改變。之前在替男性占卜時，曾出現〈錢幣四〉，那是試圖保護財富的牌，綽號為「守財奴牌」，不過在這時候則成了「努力賺錢表現給對方看」的建言。看起來也像是「炫耀自己所有財富的男性」，所以真是不可思議。

將關鍵字一個個地串連起來

在「對方的期望」上出現的是〈太陽〉，令人印象深刻，搞不好這是「想在白天見面」的訊息。向提問者確認後，得知他與對方主要都是在晚上見面，並一起喝酒，因此這或許可以解釋成「想在白天來場真正的約會」的意思。

此外，「建言」出現的是〈權杖王后〉，雖然出現在「建言」位置上，但因為是代表女性的牌，因此似乎能與她本身的形象重疊。因為對方是個有行動力、幹練氣質的女性，因此建議可以多聽聽對方的期望。其實這張牌上繪製了向日葵，也能感覺到是在強調〈太陽〉的意義。她希望在白天見面的原因不只是因為想約會，真正的希望或許是成為獲得世人公認的情侶。

19 想不出適當的詞彙，占卜時會耗費許多時間 ➡ 徹底遵守三秒法則（P128）。

— POINT —

三秒以內浮現的詞彙很重要

我也不明白自己在看了〈太陽〉後，為什麼會產生「希望在白天見面」的解釋，不過這種靈感是很重要的。只要以直覺為優先，接下來的解讀也能流暢進行。這麼一來就能延伸到更多事情上並產生聯繫，獲得令人信服的結果。自己一個人占卜時，也建議在三秒內將想到的詞彙說出口喔。

從圖案拓展意象

從〈太陽〉還能夠進一步拓展意象。根據代表「提問者的狀況」的〈寶劍三（逆位）〉，可以感覺到提問者非常害怕失戀，由於實在不想破壞目前的關係，導致沒辦法把想說的話說出口，而無法敞開自己的內心。而對她來說，那感覺就像不知道對方在想些什麼的深沉黑暗一般。

「結果」位置出現的是〈女皇（逆位）〉，逆位的情況代表著制式化或依賴性。只要能多順應她的希望出去約會，並將自己所想的話積極說出口，兩人的關係就會如陽光照耀。這麼一來，原本顛倒的〈女皇〉也會回到正位，並有令人開心的發展在前方等候。由於這也是一張代表「喜獲麟兒」的牌，搞不好很快就會出乎意料地聽到喜訊。

2 不擅長死記……能一張一張理解並慢慢記住嗎？ ➡ 試著注意圖畫中的細節（P58）

— POINT —

從沒出現的牌尋找提示

除了大阿爾那那第三張牌〈女皇〉之外，各花色的「三」在這次的解析中也出現了三張之多。唯一沒有出現的是〈聖杯三〉，這張牌的綽號是「酒聚牌」，既然說到飲酒聚會，那就是晚上。換言之，既然這張牌沒有出現，可以解讀成「比起在晚上喝酒，我更想在白天以正常情侶身分見面」的訊息。〈太陽〉在這裡也成了提示。

對於自己在職場上的定位感到煩惱

「我獲得了職務，必須好好思考接下來的工作方式。我該怎麼做才能讓公司變得更好？」

 使用牌陣 凱爾特十字

目的的自己牌
節制

提問者的表意識
（思考的事）
高塔（逆位）

成為障礙的事物
權杖國王

最後預測
寶劍一

不久後的未來
寶劍四（逆位）

提問者的狀況
惡魔（逆位）

提問者的潛意識
（感覺到的事）
錢幣六（逆位）

過去
聖杯二

提問者的期望
聖杯九

周遭（或是對象）的狀況
權杖九（逆位）

提問者
所處
的立場
戀人（逆位）

加抽：
建言牌
寶劍侍者

注意11組牌

從「最後預測」的〈寶劍一〉看來，因為充滿開闢嶄新地平線的能量，代表前景看好。那麼按照時間順序看起，出現在「過去」的〈聖杯二〉，代表會進入現在的公司，比起工作價值，更重視自己能否在組織中善盡職責，這種契約性的色彩相當強烈。「目前狀況」為〈惡魔（逆位）〉，因此是動彈不得的狀態，與之連結的「所處的立場」位置出現的是〈戀人（逆位）〉，這張牌與出現在「目前的自己牌」的〈節制〉為11組牌的組合。呈現出的似乎是無法提起幹勁積極前進，懸在半空中的狀態。「周遭的狀況」也是〈權杖九（逆位）〉，看起來難以說是建立了萬全體制的情況，現在或許是正好碰上了過渡期。不過，在「不久後的未來」上出現了〈寶劍四（逆位）〉，這張牌出現逆位的情況，則代表「甦醒」，因此啟動的時刻應該很快就會到來。

🃏 是否有重要的塔羅牌組合？➡注意11組牌（P112）

— POINT —

該從牌陣的哪裡開始解讀起？

當面對如「凱爾特十字」般張數眾多的牌陣時，通常會從首先映入眼簾的地方解讀起，不過也常粗略地分成時間順序、當事人的角度、對方的角度等來切入。此外，也有像這次這樣針對問題，先從「最後預測」傳達起，再從細節進行解讀的情況。這也會成為鍛鍊占卜者的感覺與對話能力的重點。

出現在宮廷牌上的人物是？

令人印象深刻的是出現在「障礙」位置上的〈權杖國王〉，由於在這裡出現宮廷牌時，通常暗示著會成為障礙的人物，因此在我向提問者確認心裡有沒有底時，提問者表示他的父親也在同一間公司裡，而且還是射手。射手座對應的是〈節制〉，不過因為射手座也對應火之元素，因此正是〈權杖國王〉本身。或許是他現在主要負責輔佐具備行動力與領袖特質的父親也說不定。

出現在「表意識」的〈高塔（逆位）〉，呈現出提問者對被表面上的雜務折騰的情況有些焦躁。而出現在「潛意識」〈錢幣六（逆位）〉綽號為「志工牌」，但因為是逆位，而呈現出支配者與被支配者之間的關係。代表著針對公司的理想狀態似乎有著「必須導正不平衡」、「必須加以清理」的強烈改革意識。

28 有什麼能提昇占卜準確度的密招嗎？➡試著結合塔羅牌與占星術（P170）

從加抽的牌獲得建言

一開始抽出的「目前的自己牌」為〈節制〉，代表提問者正一邊從許多人身上聽取智慧與意見，一邊試圖創造新的事物。同時，出現在「期望」位置的〈聖杯九〉，整齊排列著許多聖杯，象徵著提問者是充滿愛情的人物，代表他是個想為了大家而努力的人。

由於在解析的過程中突然感到在意，我加抽了一張建言牌，得到的是〈寶劍侍者〉，這能與「最後預測」的〈寶劍一〉連結，傳達的訊息是別沒頭沒腦地進行某些事情，而是需要謹慎看清前方。如果因為恐懼失敗而放棄一切，就無法向前邁進。一邊聽取人們的意見或要求，一邊看準時機，從能改變的地方改變起，如何斟酌的拿捏則會成為關鍵。

24 當出現無論如何都無法解讀的牌時，希望能獲得提示！➡並不是「重抽」，而是「加抽」（P146）

以宮廷牌的星座為線索

小阿爾克那的每種花色分別司掌四大元素，也能對應十二星座。火（權杖）對應牡羊座、獅子座、射手座，地（錢幣）對應金牛座、處女座、摩羯座，風（寶劍）對應雙子座、天秤座、水瓶座，水（聖杯）則對應巨蟹座、天蠍座、雙魚座。代表人物的宮廷牌，用各花色的星座為線索來尋找身邊的人物也很不錯。

隨時都可以抽取建言牌

如果在解析途中遇見無法解讀的牌，隨時都可以加抽牌無妨。請一邊輕鬆地詢問「這是怎麼回事？」一邊抽出一張牌，藉由加上抽出牌面的因素，應該能讓解讀整體牌陣更有進展才是。在面對面鑑定時，除了牌陣之外，我也經常會堆起單張牌山。

總覺得自信心不足……

「最近被交付了一項新企畫，不過我遲遲無法習慣。即使覺得這樣做應該可行，卻無法懷著自信主張意見……」

使用牌陣
凱爾特十字

目前的自己牌
錢幣五

提問者的表意識
（思考的事）
死神（逆位）

成為障礙的事物
聖杯王后

最後預測
寶劍七（逆位）

提問者的期望
權杖八（逆位）

不久後的未來
**權杖一
（逆位）**

提問者的狀況
寶劍五

過去
戀人

周遭（或是對象）的狀況
權杖二（逆位）

提問者的潛意識
（感覺到的事）
權杖騎士（逆位）

提問者所處的
立場
聖杯國王

加抽：
建言牌
寶劍九（逆位）

請注意逆位牌很多的情況

審視整體牌陣，乍看之下，意謂著熱情的權杖牌出現的全都是逆位，這或許是指幹勁減退，而沒能充分發揮潛力。從「周遭的狀況」出現〈權杖二（逆位）〉，也能看出整個職場的員工似乎都對於懷著自信採取行動一事躊躇不決。

此外，「提問者的狀況」為〈寶劍五〉，顯示險惡的氣氛，在「提問者的表意識（思考的事）」出現的〈死神（逆位）〉，與「潛意識」的〈權杖騎士（逆位）〉同樣是騎著馬匹的構圖，不過全是以逆位形式出現，這點也令人很有印象。這顯示出無法腳踏實地，搖搖晃晃地不知道該往哪裡前進才好的狀態。而且也是以逆位出現的〈權杖騎士〉面朝向「過去」位置的〈戀人〉，這點也令人深感興趣。〈死神〉以逆位出現，暗示的是對過去的執著，因此或許是抱持著「那時候比較好」、「真想回到過去」的想法。

12 不知道牌陣該從何解讀起才好 ➡ 首先試著審視整體牌陣（P108）

--- POINT ---

牌陣上的視線
所表達的內容

如同〈權杖騎士〉的例子，追尋人物的視線，也常能成為解牌時的提示。在這次中由於對應的是「潛意識」，因此很容易明白。同樣的，「表意識」的〈死神〉面對著「不久後的未來」位置的〈權杖一〉，象徵的是熱情的火焰即將消失的意象，如此一來，就能將整體視作一種趨勢。

該如何解讀困難位置？

主題的「有無自信」這點，可以從「當事人」的位置出現的〈聖杯國王〉看出提問者原本應該是充滿自信，擁有不會因為一點小事就動搖的精神力。

而掌握關鍵的是「期望」位置的〈權杖八（逆位）〉，這代表的是「雖然想前進，卻又不想前進」的進退兩難情況。提問者原本打算堅持己見拚命推進，卻感到有些不安。這就像在訴說著提問者必須獲得某人的贊同，才能確實擁有「這樣做果然是正確的」的自信的心情。這麼一來，〈權杖八（逆位）〉看起來就像是為了進行確認而四處奔走的景象了。出現在「障礙」位置的〈聖杯王后〉，暗示的是優柔寡斷的上司，根據以上幾點，在向上司徵得同意時，不是詢問「該怎麼做才好」，而是「我想這麼做，請問這樣可以嗎？」，展現出這種程度的自信也是可行的。

23 如果出現感覺明顯不準確的牌時該怎麼做？ ➡ 關鍵是解讀到底的「堅持」（P144）

— POINT —

藉由移動牌而看得見的內容

有時候就算使用三秒法則也浮現不出詞彙。要得出〈權杖八（逆位）〉的解釋相當困難，不過藉由拿起牌試著左右移動，才會閃現靈感。在實在解讀不出來時，不需要死瞪著牌看，而是可以移動、旋轉，甚至是自己動一動，或許就能產生新的解法。

將目前的自己牌＆建言牌做最大限度的運用

出現在「最後預測」的〈寶劍七（逆位）〉，如果出現逆位常會解釋成好的方向，意謂著「意想不到的發現」。那究竟是指什麼呢？為了獲得提示而抽了張建言牌，抽到的是〈寶劍九（逆位）〉，代表著從惡夢中甦醒。儘管提問者擁有許多寶劍牌（智慧或點子），卻沒有發現這一點。而在鑑定前抽出的「目前的自己牌」，也是沒有察覺到眼前的五枚錢幣而直接通過的景象。在黑暗中發光的九把劍與五枚錢幣，或許表示自己至今為止儘管有些好主意，卻因為沒有自信而束之高閣，沒有拿出來也說不定。不過藉由像這樣被交付了新的企畫，或許能再次意識到自己原本擁有多麼豐富的才華。這麼一來，〈權杖八〉的意義就能回歸正位了。

21 總覺得小阿爾克那的解讀全都大同小異 ➡ 一邊比較相似的塔羅牌，一邊統整（P136）

— POINT —

改善問題後，逆位→正位

在逆位牌暗示著問題的情況下，可以解釋成只要解決問題，就能回歸正位。只要這次的〈權杖八〉回到正位，事情進展就會變得迅速，「潛意識」的〈權杖騎士〉也能燃起幹勁，這將會影響到「周遭的狀況」的〈權杖二〉，讓「不久後的未來」的〈權杖一〉也回到正位——也可以這樣正面解釋。

歡迎來到LUA的
鑑定室

從真實的互動中竊取專家的技巧，
提昇等級！

　　塔羅牌占卜多在密閉空間裡進行，因此，您會不會疑惑「其他人究竟是怎麼解析的？」、「我的解讀方式是否正確？」呢？

　　塔羅牌占卜無分對錯，要採用何種解讀方式都行，不過應該會對其他人的占卜內容有些好奇，而想偷看一下吧？

　　因此在此會將我實際鑑定時，與商量者之間的互動內容原原本本地介紹給大家。其中或許也有些我自己在沒有注意到的情況下，下意識使用的解讀技巧。詢問商量者的問題、牌陣整體的解讀方式、從一張牌擴展意象的方法、建言牌的使用方式等等，這類細微技巧或許都是以往的塔羅牌參考書中鮮少出現的內容。

　　此外，或許也有些偏離一般的塔羅牌理論，不過應該會有些替自己占卜時能派上用場的提示，比如抽取建言牌的時機、解讀牌面的順序等。請掌握這些正因為真實，才能傳達的重點。

　　希望能透過這些解析，讓大家明白所謂的塔羅牌占卜，是這麼自由而且有趣的事。

正在煩惱該採取何種
工作方式。（A，28歲）

商量者 A：我目前正一邊育兒一邊工作，我很喜歡這份工作，想要一直做下去，但工作實在很吃重，經常需要加班。相對地，外子的工作時間固定，因此我正在考慮是否要交換在家中的角色。不過又很猶豫這麼做究竟好不好……

LUA：那麼，我們就用「凱爾特十字」牌陣來分析 A 目前所處的狀態吧。

A：這是我第一次用塔羅牌占卜！首先需要洗牌對吧？ ➧
POINT 1

LUA：沒錯。我想這會讓您有種被吸進神祕世界的感覺。請您將意識放在工作方式上。

*LUA's
Reading Point*
解讀訣竅

➧**POINT 1**
請將塔羅牌均勻地攤開，注意要碰到78張所有的牌。藉由以手指碰觸，會給人「喚醒」沉睡中塔羅牌的印象。

➧**POINT 2**
商量者比較想知道的應該是問題的答案。因此比起先說「過去……」這種沒有關係的事，大多會先傳達「就結果而言會這樣喔」，然後再說「那麼接下來就來詳細解讀」，並說明細節。

③提問者的
表意識
（思考的事）
權杖二（逆位）

⑩最後預測
權杖七

⑥不久後的未來 ①提問者的狀況
寶劍一（逆位） **吊人**

⑨提問者的期望
審判（逆位）

⑤過去
世界

②成為障礙的事物
寶劍四

⑧周遭
（或是對象）的狀況
錢幣五

④提問者的
潛意識
（感覺到的事）
命運之輪

⑦提問者所處的
立場
寶劍七

LUA：我第一眼注意到的是「⑩最後預測」的〈權杖七〉。 ➧
POINT 2 這是張很有精神的牌，而在懸崖上的正是很努力工

作的 A。「⑧周遭（對象）的狀況」出現的是〈錢幣五〉，這代表的是您的先生。給人的感覺該說是並不熱衷於賺錢嗎，有種「這是為了討生活，沒有辦法」的感覺。因此，我認為交換角色是個不錯的主意。

A：外子並不是那麼辛勤工作的類型。

LUA：代表 A 的牌為〈吊人〉，您在現實中處於有些動彈不得的狀況，不過「④提問者的潛意識」的〈命運之輪〉在運轉著，代表您似乎已經下定決心了。我想，應該是您已經直覺地認為「這麼做比較好」並暗自下了決定？

A：或許是如此。不過，畢竟有孩子在，而且這是比較沒有前例的情況，所以我突然很擔心能不能辦到……

LUA：在「③提問者的表意識」抽出的是〈權杖二（逆位）〉，暗示著選項有兩種：保持現狀，還是改變現狀。不過在「潛意識」中，「改變」占了優勢。而「⑦提問者所處的立場」為〈寶劍七〉，這是代表暗中策劃的牌。比起獨自思考，何不試著跟您的先生談談這件事呢？我想這麼做應該就能找到最好的作法。

A：說得也是。不過，我會擔心那是不是我個人的任性，也會考慮是不是應該換間能改變工作方式的公司比較好呢？

LUA：「⑤過去」為〈世界〉，「①提問者的狀況」為〈吊人〉，「⑥不久後的未來」為〈寶劍一（逆位）〉，給我的印象是並沒有移動到其他公司的感覺。如果要說的話，反而比較有摸索、開拓出屬於自己的工作方式的印象。那麼，我們就以要繼續待在現在的公司、跳槽到其他同業公司的兩種選項，再加上從事自由業的可能性為第三種選項，來占卜看看可能性吧。 ◆ POINT 3

A：謝謝您！

LUA：首先，在代表「提問者的態度」位置出現的是〈錢幣王后〉，可以得知您對現在的工作得心應手，並因此建立了自信。不過對於是否該留在「②目前公司」，〈女祭司（逆位）〉給人迷惘的感覺，話雖如此，這是唯一的大阿爾克那牌，圖案也符合您現在工作的職業，因此十分強勁。而跳槽到「③其他同業」的情況則是〈錢幣侍者（逆位）〉，這是個還在修行當中的人物，代表您如果換去其他公司會變成從零開始，有可能會遇到職權騷擾等棘手的問題。「④獨立」的情況則是〈聖杯七〉，看似有許多選擇，不過其實並非如此。第一排可以看出選擇了

◆ POINT 3
「二選一」容易給人只有 A、B 兩種選項的感覺，不過也可以在抽牌之前，再次思考看看還有沒有其他選擇。藉由增加新選項，也能拓寬視野喔。

⑤
待在目前
公司的未來
權杖四

⑥
選擇其他
同業的未來
權杖七
（逆位）

⑦
選擇獨立
的未來
權杖九

②
目前公司
女祭司
（逆位）

③其他同業
錢幣侍者
（逆位）

④獨立
聖杯七
（逆位）

①
提問者的態度
錢幣王后

每個選項後的未來。 ➡ **POINT 4** 「⑤目前公司」為〈權杖四〉，似乎能過著氣氛愉快而舒適的生活。而「⑥其他同業」為〈權杖七（逆位）〉，顯示出公司內部競爭激烈，似乎無法放心。「⑦獨立」的話，則是〈權杖九〉，是一張虎視耽耽地準備的牌。個人建議的順序為「在⑤目前公司」工作，並考慮時機選擇「⑦獨立」或是跳槽到「⑥其他同業」。 ➡ **POINT 5**

A：是的。我現在的公司在各方面真的都很好。

LUA：A 是〈錢幣王后〉，是典型的賢妻良母，我想您做什麼都會很能幹。像這樣的人一旦結婚，當事人很容易會想著「加班也沒關係，我還想繼續工作！」，不過這麼一來反而會是先生被逼走頭無路。因此我認為交換角色是個非常好的主意。只不過在第一個「凱爾特十字」牌陣中，出現了〈審判（逆位）〉，因此時機的確是很重要的。 ➡

POINT 6 現在或許還不是下決定的階段。最後，我們以盧恩字母來占卜吧，請從袋子裡取出一顆石頭。 ➡ **POINT 7**

A：上頭寫的是什麼呢？

LUA：「Eolh」，這是象徵「夥伴」的盧恩字母，代表「人脈」很重要。只要從現在起增加夥伴，在未來面臨抉擇之際就能派上用場喔。

➡ **POINT 4**
使用「二選一」時，有可能會出現每個選項都差強人意的情況。這時候，也可以解釋成「目前還不到決定的階段」。這次也增加了「選擇各選項後的未來」牌，以增加判斷素材。

➡ **POINT 5**
在傳達「個人建議」或「個人的意見」時，要說明清楚，讓對方明白這與占卜內容無關。「雖然占卜是這麼顯示的，但我個人這麼認為」，在占卜像這樣區分清楚也是很重要的。因為占卜是為了讓當事人根據結果作決定的存在。

➡ **POINT 6**
如果第一次與第二次的鑑定占卜的是同一個主題，其中就會產生某些關聯。在第一次出現了什麼？請將在意的牌紀錄下來並放在心上。

➡ **POINT 7**
我這次使用了盧恩字母作為收尾，盧恩字母與塔羅牌不同，沒有圖案，即使抽出負面消極的意義也比較容易轉換為積極正向的詞彙，因此十分推薦。

請告訴我該如何放棄無法實現的戀情。（B，31歲）

商量者 B：我有個喜歡的對象，不過因為沒有希望，我想放棄了。所以想知道該怎麼做，以及今後面對戀情的方式。

LUA：我有許多事想請教，不過首先請先抽一張「目前的自己牌」吧。 ➤ POINT 1

目前的自己牌
聖杯騎士（逆位）

LUA：因為是騎士，可以看出您雖然很想前進，卻無法靠自己前進的感覺。而且因為是聖杯牌，代表著您或許隱藏了某些真心話。

B：我會在那個人面前裝作對他沒有意思。

LUA：您跟對方正在交往嗎？

B：不，是我單方面暗戀對方。不過因為對方絕對不可能會回頭看我，所以我想放棄了。

LUA：說起來，您為什麼一開始就決定要放棄呢？ 如果對方是已婚人士等絕對不能喜歡上的對象，我還能夠明白，不過並不是這種情況吧？

B：沒錯。是因為我至今為止從來沒談過幸福的戀情，所以沒有自信，覺得這次一定也是這樣……

LUA：在您單方面決定結束這段單戀之前，先以「心之聲」牌陣來占卜看看對方對您的感覺如何？ ➤ POINT 2

B：謝謝您！

LUA：「⑦提問者的狀況」所顯示的是〈惡魔〉，代表您在心裡胡思亂想了許多種情況。如同我一開始所說的，您會突然作出「放棄！」的決定，也是胡思亂想導致的結果吧。

➤ POINT 1

有許多人無法好好地表達自己的情況，在這時候，首先就請對方抽一張「目前的自己牌」，並藉由抽出的牌作為契機提出問題，在掌握對方目前的狀況與個性傾向上會很有幫助。

➤ POINT 2

人在煩惱時，視野會出乎意料地變得狹隘。有時甚至連拋出的問題本身都有些偏差，或是小看了現實情況。「這個人真正想知道的是什麼事？」、「究竟想怎麼做？」，確實思考這一點是很重要的。

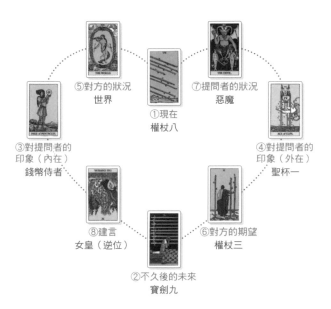

⑤對方的狀況
世界

①現在
權杖八

⑦提問者的狀況
惡魔

③對提問者的
印象（內在）
錢幣侍者

④對提問者的
印象（外在）
聖杯一

⑧建言
女皇（逆位）

⑥對方的期望
權杖三

②不久後的未來
寶劍九

▶POINT 3
提問者看到塔羅牌所想的內容非常重要。這是因為在那個人心中，存在著某些會讓他這麼想的事物。在這種情況下，B 會認為「他很受歡迎」，也是因為實際上有好幾個令 B 這麼想的證據存在。重要的是別一開始就直接否定，而是要加以肯定。

▶POINT 4
如果能從牌面的圖案編織故事，在視覺上更容易令人理解，也能讓接受度大幅提高。請別受限於牌面原本的意義，以紙戲劇般的意象來發展故事吧。

B：或許是這樣。

LUA：「⑤對方的狀況」為〈世界〉，這是一張很典型的顯示兩情相悅的牌。搞不好對方其實也喜歡您喔。

B：在我看來，他身邊還有其他四名女性⋯⋯

LUA：想像力真是驚人呢。不過，如果您這麼覺得，就表示也有這種可能性。 **▶ POINT 3** 可以肯定的是對方一定很受歡迎。那麼，就來按照時間順序確認。「①現在」為〈權杖八〉，代表兩人之間的關係目前正以很好的氣勢在發展著。然後，「④對提問者的印象（外在）」〈聖杯一〉，由於是張喜愛、疼惜美麗事物的牌，因此直截了當地說，您應該是對方喜歡的類型。然後，由於「③對提問者的印象（內在）」為〈錢幣侍者〉，表示對方似乎認為您有些笨拙的地方，卻單純而認真、不會說謊，是個值得信任的人喔。而且，「⑥對方的期望」為〈權杖三〉，表示對方正在等待前進的船隻，換言之，B 就是船隻喔。 **▶ POINT 4**

B：怎麼可能！

LUA：「⑧建言」為〈女皇（逆位）〉，意思是應該可以更簡單好懂地向對方撒嬌。明明出現了這麼好的牌，在「②不久後的未來」卻是〈寶劍九〉。

B：悲傷哭泣，這指的是戀愛結束嗎……

LUA：如果照現在這樣下去，或許就會如此。➡ POINT 5　難得出現了最棒的狀態，「未來」的位置卻出現〈寶劍九〉，很有可能是因為照這樣下去，您還是會覺得「果然沒辦法」而重複以往的模式。這張牌給人的印象，是因為回想起「那時候明明出現那麼好的結果，我為什麼沒有採取行動呢」而哭泣。

B：的確……〈權杖八〉與〈寶劍九〉看起來也很像呢。

LUA：〈權杖八〉是開通內心的牌，意思是「心意相通」，代表現在正是採取行動的時候。儘管如此，您仍擅自認定是失戀，覺得「他不可能會喜歡我」，這代表的正是〈寶劍九〉本身，因為這也是一張自怨自艾的牌。如果沒有把握住現在的機會，或許就會演變成「那麼愉快的關係就那樣結束了」的情況。

B：那我該怎麼做才好？

LUA：那麼，為了找出解決方案，先用「凱爾特十字」牌陣確認您為什麼會對自己失去自信。我要再次洗牌了。➡ POINT 6

➡POINT 5
當未來出現並不期望的結果時，該如何傳達是很重要的。在這種情況下，由於B的負面思考很強烈，所以刻意以「這樣下去就會演變成這樣」的形式告知。

➡POINT 6
由於這次要讓同一個提問者繼續占卜同樣的問題，所以不用逆時針旋轉的方式洗牌，而是刻意不將牌打散，直接投注想法與能量的印象。如果要換問其他問題，就最好重新洗牌。

③提問者的
表意識
（思考的事）
聖杯六（逆位）

⑩最後預測
女皇（逆位）

⑥不久後的未來
女祭司

①提問者的狀況
力量（逆位）

⑨提問者的期望
命運之輪

⑤過去
皇帝
（逆位）

②成為障礙的事物
吊人

⑧周遭
（或是對象）的狀況
節制

④提問者的
潛意識
（感覺到的事）
寶劍三（逆位）

⑦提問者所處
的立場
寶劍王后

214

LUA：「⑦提問者所處的立場」的〈寶劍王后〉令人印象深刻，「我不談戀愛」這種態度並不是您的本質，而是存在著不得不這麼偽裝的狀況。「⑧周遭的狀況」中出現顯示與他人交流的〈節制〉，因此是雖然有機會，卻主動拿劍砍掉的意象。顯示「⑤過去」的〈皇帝（逆位）〉也是拒絕戀愛的態度，而「⑥不久後的未來」的〈女祭司〉則是代表處女形象的牌，顯示出「我不適合戀愛……」的感覺，因此今後可能還是會以優柔寡斷告終。

B：老師……我也想談一場幸福的戀愛。

LUA：那麼，就來看看您的內在。「凱爾特十字」的縱軸代表的是那個人的內心。➡ POINT 7 「③提問者的表意識」為〈聖杯六（逆位）〉，如同牌面顯示的狀況，也就是雖然希望「心意能夠傳達，能夠被接受」，卻無法坦率表現的狀態。「④提問者的潛意識」也顯示出非常害怕失戀的感覺。令人印象深刻的是「①提問者的狀況」為〈力量（逆位）〉，「②成為障礙的事物」為〈吊人〉，正好是 11 組牌，這是代表動與靜的組合。
➡ POINT 8 「想談戀愛的自己」與「使問題複雜化的自己」正在拉鋸著。如果對這一點有所自覺，只要改變即可，您是不是刻意不改的呢？

B：我或許對自己下了奇怪的詛咒。

LUA：不過，這麼一來就會永遠孤單一人。或許靠自己解開魔法比較好喔。

B：為了這點，我該怎麼做才好？ ➡ POINT 9

加抽：建言牌
寶劍四

LUA：是「休息牌」，首先，最好給您一段重新好好審視自己的時間，這樣下去明明在談戀愛，卻可能會因為自認為沒有機會而想否定，動與靜相抵消，導致最後維持什麼也不會發生的狀態。

➡ POINT 7
這次鑑定的特徵為整體而言，有許多大阿爾克那牌。小阿爾克那的數字牌只出現在代表自身意識的縱軸上的兩處。可以解釋成周遭的環境都已經齊備，接下來只要當事人別受瑣碎問題干擾，而變得自卑即可。

➡ POINT 8
這是 11 組牌顯而易見地出現的範例。所謂的 11 組牌，是兩張在某個主題上擁有相反力量的牌組。在這裡則解釋成因為這份力量相抗衡，而導致什麼事情也沒有發生。

➡ POINT 9
提問者自發性地提出問題，是個非常好的傾向，因為這證明對方已經開始思考自己的事情了。從這裡開始就不再展開一組新牌陣，而是採取針對 B 接二連三湧出的問題——回答的態度。

B：我為什麼會對戀愛這麼沒有自信呢？

加抽：建言牌
戀人（逆位）

LUA：因為〈戀人〉為逆位，就某方面說，就像是自己一個人住在伊甸園的感覺一樣。只是您腦中的伊甸園因胡思亂想而擴張過頭了。如果是好的想法也就罷了，但因為是負面的妄想，所以反而糟糕。在第一次的「心之聲」牌陣中，「⑦提問者的狀況」也出現了〈惡魔〉對吧。那與〈戀人〉同樣是三位一體的構圖。➡ POINT 10　三位一體由於平衡性很好，很容易兀自下結論，而變成「擅長獨自胡思亂想」的狀況。➡ POINT 11

B：我該怎麼改掉這種妄想癖？

加抽：建言牌
魔術師（逆位）

B：〈魔術師（逆位）〉⋯⋯對自己下的奇怪魔法，果然似乎還是需要靠自己解開呢。➡ POINT 12

LUA：說得沒錯。您單是看到牌面就能自己察覺這一點，真是太棒了。我今後會為了您能獲得幸福的戀情而祈禱的。

➡ POINT 10
這是找出構圖上的共通處，並從這裡拓展解釋的範例。是由於牌面相似，因此能解讀出各種提示的例子。

➡ POINT 11
請別被參考資料上的關鍵字或生硬詞彙束縛，可以運用像是「擅長獨自胡思亂想」這種自己覺得更貼切的表現方式來讓解析更有深度。

➡ POINT 12
這次是B親自解讀的。以LUA的方式解讀的話，〈魔術師〉如果是正位，表示「對自己要有自信」的建議，而因為是逆位，則解釋成「不滿一半」。這麼一來，建言就會變成「至少要認為自己是個普通人（擁有自信）」了吧。

第三位商量者 3

雙親感情惡化，我該如何是好？(C，25歲)

LUA：C是第二次來鑑定了吧。第一次來商量的問題是「想獨自生活，卻受到父母的反對」。當時所占卜的您的家人結果如下。

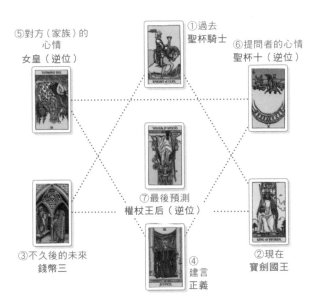

⑤對方（家族）的心情
女皇（逆位）

①過去
聖杯騎士

⑥提問者的心情
聖杯十（逆位）

③不久後的未來
錢幣三

⑦最後預測
權杖王后（逆位）

④建言
正義

②現在
寶劍國王

→ POINT 1

上次的結果：建言牌
權杖六

上次占卜了C的姊姊時，出現的牌為〈權杖六〉，綽號為「凱旋牌」。由於看了騎成馬匹意氣風發地離開的模樣，我向C告知了「如果姊姊先離開家，C想離開就有難度了」，沒想到竟然完全說中了。如果鑑定過好幾次，上一次的鑑定結果也能運用在解牌上。

→ POINT 2

問題與複數人物相關時，可以試著在「對方的心情」位置展開複數張牌。這麼一來比較容易了解每個人的狀態或想法。就像這樣，牌陣也能因應占卜主題自由變化。

商量者 C：是的。其實如同 LUA 老師您的鑑定，後來姊姊先離開家了。→ POINT 1 不過，也因為這樣，我到現在還是無法獨自生活……而且因為姊姊有了對象，但家父不認同對方，所以可說是在半斷絕關係的狀態離家出走的。家父似乎大發雷霆，導致母親累積了壓力，讓家裡的氣氛直線惡化。我到底該怎麼做才好？

LUA：原來如此，那麼，我們再次以「六芒星」牌陣來占卜看看。不過這次是改造版本，將「⑤對方的心情」改為分別顯示父母親心情的牌。→ POINT 2

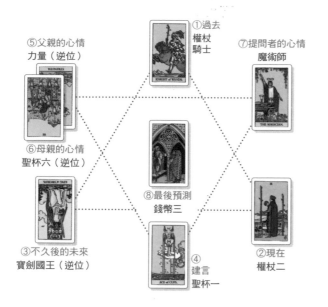

⑤父親的心情
力量（逆位）

①過去
權杖騎士

⑦提問者的心情
魔術師

⑥母親的心情
聖杯六（逆位）

⑧最後預測
錢幣三

③不久後的未來
寶劍國王（逆位）

④建言
聖杯一

②現在
權杖二

▶POINT 3

在牌陣中，大阿爾克那的正位擁有最強的衝擊。即使是逆位，大阿爾克那依然很強，暗示著父親的影響力很大。只要把這當作軸心解讀，應該就很容易整理出情況。

▶POINT 4

這次鑑定出現了數張跟前一次相同的牌，因此可以作為解讀的提示。只要為了這種時候，將過去的牌陣用拍照等方式事先留下紀錄，在許多情況下都能派上用場。

LUA：首先映入眼簾的是代表 C 的「⑦提問者的心情」為〈魔術師〉正位。這在牌陣整體中格外強勁。➡ **POINT 3** 相對地，令尊為〈力量（逆位）〉，令堂為〈聖杯六（逆位）〉，兩者都是逆位，可以看出他們對現況感到不知所措。以時間順序來看，「①過去」為〈權杖騎士〉，「②現在」為〈權杖二〉。上次代表姊姊的牌是騎著馬匹的〈權杖六〉，因此這次同樣出現騎著馬匹意氣風發地上戰場的〈權杖騎士〉，似乎也是姊姊的象徵。➡ **POINT 4** 而〈權杖二〉則顯示目送著其背影離開的現況。

C：這簡直……就像一幅畫呢。

LUA：令尊現在似乎處於自暴自棄而失去控制的狀態，而令堂雖然沉浸於姊姊還在時，一家四口和樂融融的回憶中，不過因為出現了逆位牌，表示她或許已經心想「自己差不多該正視現實了」。出現在「④建言」位置的〈聖杯一〉，是表示內心的花色，因此只能懷著愛情去面對。或許可以試著與大家共享姊姊離開後的寂寞情緒。「爸爸，你很寂寞嗎？ 我也很寂寞。」試著像這樣分享想法。

C：我從沒說過這種話，我能說得出口嗎？

LUA：只要認為是「在扮演那樣的自己」應該就辦得到了。畢竟您可是能引發奇蹟的〈魔術師〉啊。

C：父親的確是嚴厲而可怕的人，但我現在也覺得他其實是個很寂寞的人。想順便問一下姊姊離開家後的狀態如何？

LUA：那麼就試著抽一張代表姊姊的牌吧。

加抽：姊姊的狀況
聖杯九（逆位）

LUA：這是被稱作「願望牌」的幸運牌，不過出現的是逆位啊。因為她的願望是與情人共同生活，所以算是實現了一半，卻也有些半吊子的感覺。◆ POINT 5

C：或許是因為還沒獲得家父的認同吧。

LUA：能夠從中斡旋的人，或許只有您而已喔。審視牌陣整體，意義最強大的還是〈魔術師〉，所以我認為您的確是關鍵人物。

C：我的確常擔任家中的潤滑劑。

LUA：在上一次鑑定中，令堂是〈女皇（逆位）〉，是充滿愛情的類型，而令尊則是〈寶劍國王〉，是十分嚴厲的類型，可說是完全相反的夫妻呢。此外，上一次出現在「③不久後的未來」的〈錢幣三〉，這次則出現在「⑧最後預測」中。搞不好令尊還是會同意姊姊的婚事喔，畢竟這是張繪製了教堂入口的牌。◆ POINT 6　只是在那之前，象徵父親的〈寶劍國王〉顯示逆位，所以或許會有些慘烈爭執也說不定。對方搞不好會上門來致意喔。

C：我會從現在就作好心理準備的。

LUA：希望您能以〈魔術師〉的身分，懷著愛意成功擔任斡旋角色，替全家人施以正向的魔法。

◆ POINT 5
這是將逆位解讀成「未達正位狀態」的範例。這裡如果將〈聖杯十〉的正位視為「整杯滿滿的幸運」，逆位就解讀成了「只剩半杯的幸運」。

◆ POINT 6
〈錢幣三〉並不是那麼直接意謂「結婚」的牌，不過如果將圖案作為提示來解讀，這樣的解釋也是成立的。請一邊看著牌面，一邊靈活地擴展意象，或許會連接上出乎意料的關鍵字也說不定。

被交付開新分店的任務，與同事之間的關係令我感到不安……（D，40歲）

商量者 D：我被交付某間店的展店事宜，但跟我在同一個團隊裡工作的同事，動不動就反對我的想法。是因為個性完全相反嗎？ 不過我對他的才華給予高度評價，因此正在煩惱今後該如何跟對方相處才好。

LUA：有個好方法可以確認契合度，首先就試試這麼做吧。那就是宮廷牌契合度占卜。 ➡ POINT 1

對方　　　　　　　　提問者
聖杯騎士　　　　　聖杯王后（逆位）

LUA：兩邊出現的都是聖杯牌呢。對方的是〈聖杯騎士〉，感覺似乎很坦率。相較之下，D 是〈聖杯王后（逆位）〉。這兩張牌擺在一起時，看起來就像 D 背對著對方，緊閉了心房的感覺。您們是頭一次在同一個團隊裡工作嗎？

D：是的。我們才認識半年不到而已。

LUA：您或許是因為擔心「真的做得到嗎？」才背對著對方的。相反的，對方反而給人十分坦率而積極的印象。

D：意思是我最好多信任對方一些嗎？

LUA：沒錯。若是過度緊閉心房，特地面對您的對方可能也會因為鬧彆扭而轉過身去喔。

➡POINT 1
宮廷牌契合度占卜可以看出目前兩人的關係、力量平衡與溝通程度。在占卜人際關係時事先作這項占卜，會更容易導出各式各樣的解釋，只要試著將其視為一幅畫應該就能發現。順帶一提，還能加入占星術的元素來確認契合度。在占星術中很重要的是太陽星座、月亮星座，可從這組合中推算宮廷牌的角色。

太陽星座
　花色：權杖、錢幣、寶劍、聖杯
月亮星座
　階級：侍者、騎士、王后、國王

12星座
　火：牡羊座、獅子座、射手座
　地：金牛座、處女座、摩羯座
　風：雙子座、天秤座、水瓶座
　水：巨蟹座、天蠍座、雙魚座

D 為太陽射手座、月亮巨蟹座，因此天生的資質為「權杖（火）王后（水）」，

D：話雖如此，我們的個性相差太多，無論怎麼做意見都會分歧。如果遇到「在兩個方案中會選擇哪一項？」的情況，我們一定會意見相左。這樣真的有辦法順利努力到店鋪開幕嗎……

LUA：那麼，就以能看出運勢流向與建言的「V 字型馬蹄鐵」牌陣，來確認要讓新店順利開幕，該怎麼做才好吧。

對方是太陽水瓶座、月亮牡羊座，因此應該是「寶劍（風）國王（火）」。只要將這視為兩人的基本個性來解讀契合度（P98），還會有新的發現。

➡ POINT 2

要解讀有許多逆位牌的牌陣時會令人不知所措，不過在這當中出現正位的牌會具有格外重要的訊息，因此請試著仔細確認。

①過去
聖杯八
（逆位）

⑦最後預測
錢幣五
（逆位）

②現在
寶劍國王
（逆位）

⑥成為障礙
的事物
戀人（逆位）

③不久後的未來
死神（逆位）

⑤周遭的狀況
寶劍八

④建言
星星

D：總覺得整體上有許多逆位，這樣不要緊嗎……？

➡ POINT 2

LUA：這或許是反映出您的不安感所導致。出現在「⑤周遭的狀況」的〈寶劍八〉，如實地述說了這件事。可以看出您認為沒有同伴而覺得孤獨的心情。這裡很簡單易懂地出現正位，因此是表達「希望有人能幫忙自己」的心情。

D：因為我有種必須獨自戰鬥的感覺。

LUA：那麼，來看看時間軸吧。在「①過去」為〈聖杯八（逆位）〉，是著手處理過去留下的某件事的牌。給人一種肩負著某種從過去連綿不絕地延續至今的事物的印象。也有再次挑戰原本已經放棄的事情的意義。

D：正是如此！其實這間店的展店事宜曾經失敗過一次。

LUA：令我有些在意的是「②現在」為〈寶劍國王（逆位）〉，感覺是不太友好的狀態。似乎有種難以通融，一有不順心的事物就會放棄的想法在運作。

D：簡直就是現在的我啊……

LUA：而「③不久後的未來」為〈死神（逆位）〉，代表受到過去束縛，痛苦久拖的狀態。意思是雖然繼承了過去的事物，但如果受到束縛，或許就會無法繼續前進。

D：的確，我一直以來的作法都是試圖沿襲著至今為止的品牌形象，相較之下，同事則很有創新精神……或許是這樣才會感覺合不來。

LUA：與那名同事的相處方式，或許確實掌握了讓這個業務成功的關鍵喔。作為「④建言」出現的是〈星星〉，因此不是緊抓著過去不放而排除不同意見，而是對未來抱持著希望，「如果能讓這件事成功就好了」地談談或許不錯。

D：是啊，將姿態放得柔軟些，試著多談談或許是個不錯的選擇。

LUA：搞不好是因為您不太願意主動開口，這個人才會先提出「這麼做怎麼樣？」的作法喔。而您卻將這點視為是在攻擊自己了也說不定。

D：……您說得沒錯。

LUA：在「⑥成為障礙的事物」位置出現了〈戀人（逆位）〉，代表只要兩人好好溝通，也就是〈戀人〉恢復成正位狀態，其他逆位牌也會跟著改變喔。出現在「⑦最後預測」的則是〈錢幣五（逆位）〉，這是張飢餓感十分顯眼的牌，變成逆位時則意謂著伸出援手，您可會找到特別有能力的人，或能成為贊助者的人。如果是正位就會演變成「我獨自努力」而痛苦地工作，不過逆位則是能獲得有錢的人或有餘裕的人的支援。

➡ POINT 3

D：我明白了。那麼，具體來說我該怎麼做才好呢？

LUA：那麼，最後請抽一張牌吧。

➡ POINT 3

〈錢幣五〉如果處於正位，就意謂著雖然有救贖，卻因為自尊心而刻意讓自己受苦。而這次因為是逆位，則可以解釋成握住伸出的援手，也就是找到贊助者的意思。

加抽：建言牌
錢幣九（逆位）

D：這是張希望受人喜愛的牌呢。或許是因為想表現好的一面，或拘泥於自身的地位也說不定……

LUA：〈錢幣九〉的確是「愛人牌」，不過因為是作為建言抽出的牌，因此解釋稍有不同。 ➡ POINT 4 　這名女性戴著帽子，並讓游隼停在自己手上。 ➡ POINT 5 　換言之，這個人是馴鷹師。只要拿下帽子，游隼就會飛去捕回獵物。您或許只要成為像這名女性一樣的人就行了。如果是正位，會有讓對方停在自己手上，接納對方的感覺，不過這次因為是逆位，所以也能解釋成「好了，去吧」的意思。 ➡ POINT 6

D：原來如此，真是驚人的解釋！

LUA：從您的話裡聽起來，對方對工作也十分有熱忱，而且做得非常愉快，或許能因此創造出什麼美好的事物喔。實際上，在一開始的宮廷牌契合度占卜時，對方也是〈聖杯騎士〉，騎在馬匹上充滿突擊的幹勁呢。

D：您說的話我完全能夠領會，我想以馴鷹師為目標。

LUA：只要成為能操控游隼的專家，您應該就能辦到至今為止未能辦到的事情，而這件事似乎能改變未來的結果喔。雖然珍惜長久延續的事物，不過沒有必要因循守舊，也能以全新的作法來挑戰吧。這或許正是「④建言」位置出現的〈星星〉帶給您的訊息喔。

➡ **POINT 4**
建言牌終究只是建議。是解讀「只要這樣做就好」的牌，所以不需要判斷好壞。確實分辨代表的是「結果」還是「建言」，是很重要的。

➡ **POINT 5**
在塔羅牌作者偉特的解說中，只記載了「bird」，不過有塔羅學家從頭部為紅色的鳥解釋成戴著帽子的游隼。從手上的手套與鳥的身軀來判斷，游隼的推理是成立的。像這樣的推理也能作為新解釋的提示。

➡ **POINT 6**
為什麼我會在這裡將 D 與同事之間的關係，比喻成馴鷹師與游隼之間的關係，是因為在宮廷牌契合度占卜中，對方的〈聖杯騎士〉戴著附羽翼的頭盔。看了這點，我才會將「羽翼」和「游隼」相結合。像這樣從意外之處拓展解讀意象也是常有的情況。

LUA

自幼就對超自然與神祕的世界十分感興趣，曾任電腦CG設計師，於二〇〇四年轉任占卜師。熟習西洋占星術、塔羅牌、盧恩字母、探測術、數祕術等。現在則撰寫與監修於雜誌、書籍、網路等各方媒體上刊載的占卜相關原稿。特別喜愛蜘蛛與恐怖片。

http://www.luaspider.com/

藝術指道	江原レン（mashroom design）
裝幀・本文設計	森 紗登美（mashroom design）
插畫	Maori Sakai
編集協力	山田奈緒子、西川幸佳、新美静香（説話社）

塔羅解牌研究所 2

出　　　版／	楓葉社文化事業有限公司
地　　　址／	新北市板橋區信義路163巷3號10樓
郵 政 劃 撥／	19907596 楓書坊文化出版社
網　　　址／	www.maplebook.com.tw
電　　　話／	02-2957-6096
傳　　　真／	02-2957-6435
作　　　者／	LUA
翻　　　譯／	Shion
企 劃 編 輯／	陳依萱
校　　　對／	周季瀅
港 澳 經 銷／	泛華發行代理有限公司
定　　　價／	420元
出 版 日 期／	2021年3月

國家圖書館出版品預行編目資料

塔羅解牌研究所. 2 / LUA作；Shion翻譯.
-- 初版. -- 新北市：楓葉社文化事業有限
公司, 2021.03　面；　公分

ISBN 978-986-370-262-7（平裝）

1. 占卜

292.96　　　　　　　　109021794